5-7, rue de l'École-Polytechnique, 75005 Paris

http://www.editions-harmattan.fr

ISBN : 978-2-336-49780-8
EAN : 9782336497808

Un soupçon de compétition dans la sécurité

Enquête sur le marché de la protection publique et privée

Drôles de marchés

Collection dirigée par Faouzi Bensebaa et Joan Le Goff

La collection « Drôles de marchés » accueille des ouvrages portant sur des marchés qui épousent les caractéristiques et le mode opératoire du marché tout en portant sur des biens et services qui échappaient jusqu'à peu à la marchandisation ou qui sont perturbés et/ou favorisés par les mutations de l'environnement mondialisé et par les technologies de l'information et de la communication.
Sur ces marchés, les acteurs contournent habilement la loi en profitant opportunément de son incomplétude ou de ses failles, reflétant dès lors l'écart entre la règle et le réel. Par l'institution de nouvelles pratiques, ces marchés peuvent même être largement en avance sur le législatif en raison de la vitesse avec laquelle les acteurs identifient les interstices exploitables et remettent en cause les frontières existantes.

« Drôles de marchés » se focalise sur ces marchés en considérant que leur fonctionnement et leurs attributs justifient qu'on en réunisse les analyses dans une même collection qui, jusqu'à présent, manquait dans le paysage de l'édition, académique ou grand public.
Deux objectifs sont poursuivis : étudier de manière précise et rigoureuse le mode d'existence de ces marchés peu connus ou en devenir et offrir des contributions abordables à tous.

Déjà parus dans la même collection

F. Boudier, F. Bensebaa, *Des marchés sans foi ni loi*, 2013.

J. Le Goff, F. Bensebaa, *La nouvelle jeunesse de l'occasion*, 2021.

F. Bensebaa, F. Eymas, *Le business de la mort. Les acteurs du trépas en France*, 2021.

A. Jamin, J. Le Goff, *La musique change de disque. Et ça fait Shazam, vinyle, stream, pop, buzz !*, 2022.

F. Bensebaa, J. Le Goff, *Miroir, mon beau miroir. Le marché de la beauté sans fard*, 2023.

Faouzi Bensebaa et Joan Le Goff

Un soupçon de compétition dans la sécurité

Enquête sur le marché de la protection publique et privée

L'Harmattan

Des mêmes auteurs

Faouzi Bensebaa & Joan Le Goff

Miroir, mon beau miroir. Le marché de la beauté sans fard, L'Harmattan, 2023.

La nouvelle jeunesse de l'occasion, L'Harmattan, 2021.

Mesurer la performance de la fonction logistique, Eyrolles-Éditions d'organisation, 2009.

Stratégies concurrentielles : le renouveau théorique en pratique (dir.), EMS, 2005.

Faouzi Bensebaa (sélection)

Le business de la mort. Les acteurs du trépas en France (avec Fabien Eymas), L'Harmattan, 2021.

La dynamique concurrentielle : acteurs singuliers, stratégies plurielles (dir.), EMS, 2021.

L'Atlas du Management (avec David Autissier et Fabienne Boudier), Eyrolles, 2012.

Joan Le Goff (sélection)

Un monde merveilleux et doux. Fragments du management en son emprise ordinaire, Presses universitaires de Provence, 2023.

La musique change de disque. Et ça fait Shazam, vinyle, stream, pop, buzz ! (avec Alban Jamin), L'Harmattan, 2022.

Puissances de la norme : défis juridiques et managériaux des systèmes normatifs contemporains (dir., avec Stéphane Onnée), EMS, 2017.

Who watches the Watchmen ?
Alan Moore, 1986

« Qui surveille les surveillants ? »
Ce slogan récurrent de la bande dessinée *Watchmen* (1986)
d'Alan Moore (scénario) et Dave Gibbons (dessin),
traduite en français par Jean-Patrick Manchette (Zenda/Delcourt),
reprend la locution latine « *Quis custodiet ipsos custodes ?* »
soit : « Qui me gardera de mes gardiens ? ».

Sommaire

Introduction
Un marché à l'ordre du jour

Dans son film *La Loi du marché*, sorti en 2015, Stéphane Brizé prétendait dénoncer l'âpreté du monde du travail en montrant le destin d'un quinquagénaire à la recherche d'un emploi et devant se résoudre au pire de la réalité professionnelle. Son personnage, interprété par Vincent Lindon (qui reçut pour ce rôle le prix d'interprétation à Cannes, le prix Lumières et le César du meilleur acteur), est contraint d'accepter un poste vécu comme un véritable déclassement social. À d'autres époques, pour illustrer cette catégorie dévalorisante, ce protagoniste aurait été contrôleur du métro, cantonnier, éboueur, pompiste ou ouvrier[1]. Ici, il devient agent de sécurité dans un supermarché.

Le vigile serait donc devenu l'incarnation d'un emploi peu qualifié, peu valorisant et peu rémunérateur. Dans le même temps et non sans paradoxe, le nombre de personnes exerçant cette fonction connaît une hausse croissante, répondant à un besoin social de plus en plus fort. Cette contradiction apparente illustre l'un des aspects qui justifie la présence de la sécurité au sein des « drôles de marchés » de cette collection consacrée à des champs originaux de l'économie contemporaine. Atypique, en pleine reconfiguration, traversé par des ruptures commerciales, statutaires ou techniques, le secteur dédié aux services d'enquête et de protection des biens et des personnes mérite d'être mis en lumière alors même que, par nature, il cherche la discrétion et apprécie le secret des affaires. Pourtant, comme la seconde main, la mort, la musique ou la beauté[2], il s'agit d'un marché hybride, agrégeant des services hétéroclites, et qui résiste aux schémas analytiques traditionnels de la gestion et de l'économie, habituées l'une et l'autre à penser en termes d'industries ou de

---

[1] Comme dans la chanson de Serge Gainsbourg, *Le Poinçonneur des Lilas* (1959), le sketch de Fernand Raynaud « Heureux ! » (1965), la pièce de théâtre *Le Père Noël est une ordure* (1979), les films *Tchao Pantin* (Claude Berri, 1983) ou *The Full Monty* (Peter Cattaneo, 1999).

[2] Chacune de ces activités a donné lieu à un ouvrage dans cette collection (*cf.* présentation en tête de volume).

secteurs bien délimités, en termes de produits aux utilisations précises et aux substituts identifiés, ou encore en termes de rôles clairement assignés (producteur, distributeur, consommateur).

1. La sécurité : un droit ou un produit ?

En France, la Déclaration des droits de l'homme et du citoyen de 1789, consacrée par la Constitution de la Ve république en 1958, dispose dès son premier article que « la sûreté fait partie des droits inaliénables et imprescriptibles de l'homme ». Dans le lexique du XVIIIe siècle, le terme est équivalent à celui de « sécurité » dans notre usage contemporain. Sa présence en ouverture du texte rappelle qu'elle constitue la première des libertés puisque, sans elle, aucune des autres ne peut s'exercer.

La sécurité, en tant qu'elle désigne à la fois l'ensemble des moyens mis en place pour se prémunir des risques et la situation qui en résulte (avec une absence de danger pour les personnes ou de menace pour les biens), inclut de fait la sûreté, qui a pour objet de prévenir les actes malveillants. Figurant traditionnellement parmi les fonctions régaliennes, le maintien de la sécurité intérieure[3] semble constituer une prérogative de l'État qui ne peut ni ne doit être déléguée à un acteur privé. L'évoquer dans un ouvrage consacré à l'analyse d'un « marché » peut dès lors sembler incongru. Néanmoins, la situation a largement évolué depuis le début du millénaire et, dans la France actuelle, la question sécuritaire ne trouve plus une réponse uniforme et homogène. La sécurité devient plurielle, aussi bien dans ses acteurs que ses modalités. Elle devient aussi lucrative – ou, en tout cas, potentiellement lucrative – et, de ce fait, suscite des initiatives multiples, depuis le haut-de-gamme (le garde du corps ostentatoire comme signe de richesse) jusqu'au *low cost* (le vigile supplétif en période de soldes), en passant par la fin de l'étanchéité entre institutions du service public (douanes, gendarmerie, police) et entreprises privées, chacune empiétant sur le territoire de l'autre.

---

[3] La sécurité extérieure, par la défense et la diplomatie, est également une fonction régalienne mais elle sort du cadre de cet ouvrage.

Les facteurs qui expliquent cette dilution de la sécurité et son expansion à des champs insoupçonnés sont nombreux. Par la grâce de médias omniprésents, chaînes d'information en continu et réseaux sociaux, le public (donc des consommateurs et clients éventuels, ou bien, selon un autre point de vue, des contribuables et électeurs potentiels) est confronté à une actualité anxiogène où se mêlent terrorisme international et faits divers violents. Cette publicité à outrance accroît le sentiment d'insécurité : tandis que le taux d'homicides pour 100 000 habitants dans le pays diminue avec constance depuis le mitan des années 1990, l'écho médiatique des crimes et délits n'a jamais été aussi intense[4].

En parallèle, la mondialisation et le marketing universalisé ont contribué à la diffusion des idées d'émancipation personnelle par la consommation et d'accomplissement par l'achat, avec en arrière-plan le développement de l'individualisme – un « chacun pour soi » généralisé, avec des paniers virtuels que l'on remplit en scrollant sans interruption et qui fait du manque d'objets matériels une souffrance à résorber par tous moyens. Le désir de produits tendance (chaussures, smartphones, vêtements, etc.) a été central dans le mouvement dit « des gilets jaunes » de l'automne 2018 ou dans les émeutes de juin 2023[5], démontrant l'inanité de la pyramide de Maslow[6].

Autre phénomène explicatif, l'apparition du *New public management* au tournant des années 1980 et 1990 qui a contribué à réformer l'administration en lui assignant des objectifs d'efficacité (notamment en termes comptables, mais pas

---

[4] Selon les données du ministère de l'Intérieur, il dépassait 3/100 000 habitants en 1995 et est descendu sous les 1,5 aujourd'hui. Le taux global des crimes et délits est passé sur la même période de 70/1000 habitants à 55/1000. Selon les enquêtes de l'Insee, sur la même période, le taux de personnes qui se sentent en insécurité évolue entre 10 % et 12 % de l'ensemble de la population.

[5] La comparaison avec les émeutes de 2005 est parlante : point de départ similaire (décès de jeunes de quartiers périphériques) et population identique mais, en 2023, en plus des forces de l'ordre, sont ciblés des commerces à la mode pour l'habillement et l'équipement (Darty, Décathlon, Sport 2000, Zara).

[6] La hiérarchie des besoins due au psychologue Abraham Maslow (1943) considère que les individus ne cherchent à satisfaire les besoins supérieurs (estime de soi, reconnaissance, spiritualité) qu'après avoir assouvis ceux prioritaires (alimentation, sommeil, sécurité). Largement invalidée (y compris par son auteur), elle demeure inexplicablement populaire.

seulement) et en lui affectant les outils de gestion supposés avoir fait leurs preuves dans le privé. Conjuguée à la décentralisation, cette conception du fonctionnement de l'État a entraîné non seulement la diffusion des politiques de sécurité vers les échelons locaux mais aussi leur partage progressif avec des acteurs du secteur marchand.

Enfin, en mettant fin à la logique bipolaire qui prévalait depuis 1945, la chute du mur de Berlin en 1989 a ouvert une nouvelle ère géopolitique caractérisée par la multiplication des conflits ethniques, politiques, religieux ou territoriaux. Un désordre mondial qui s'est étendu dans les pays occidentaux en profitant de la perméabilité des frontières, rendues poreuses par le jeu conjugué de la dislocation de l'URSS, de l'unification européenne et du commerce international.

Ainsi, le sentiment d'insécurité entretenu par les médias et réseaux sociaux, l'accumulation compulsive de biens adossée à un individualisme forcené, la nouvelle gestion publique, l'universalisation des guerres locales, ont provoqué l'affirmation d'un nouveau marché, celui de la sécurité. S'il a toujours existé, en particulier pour les classes dominantes et la partie la plus riche de la population, sa montée en puissance est une caractéristique forte des années récentes : selon l'Insee, le nombre d'entreprises de sécurité a augmenté de 300 % en France depuis 2000. Un tel essor mérite de s'y arrêter pour en faire émerger les réussites et les échecs, les controverses et les innovations.

2. Un objet aux confluences de l'État et du marché

Sujets éminemment politiques, la protection des personnes et des biens et les missions d'enquête et de surveillance cristallisent les passions. Aucun citoyen ne demeure sans opinion quand il est question des risques que lui ou ses proches peuvent subir dans leur chair ou qui menacent leur domicile. Même appréhendées uniquement sous l'angle managérial et économique – comme c'est le cas ici –, ces thématiques font débat. C'est pour cette raison qu'il est important de tenter d'y voir clair en abordant les enjeux contemporains du marché de la sécurité.

Leur poids économique, historique et politique étant prépondérant, la première partie de l'ouvrage est consacrée aux forces publiques de sécurité intérieure. La section initiale propose d'examiner la situation économique de la Gendarmerie nationale, institution multiséculaire particulièrement familière à la population française, aussi bien du fait de la densité de son maillage territorial que par son rôle central dans des comédies parmi les plus populaires du cinéma du XXe siècle ! Les douanes seront évoquées dans cette même partie. La deuxième section aborde le sujet de la Police nationale, complémentaire du fait de la partition de l'Hexagone en zones rattachées à l'une ou l'autre de ces deux forces. La situation de ses 150 000 personnels fonctionnaires est plus complexe, souvent au cœur de polémiques. Comportement des agents envers la population, violences présumées et usage excessif des armes, formation et niveau des nouvelles recrues, indépendance de l'inspection générale, nature même des missions, autant d'éléments qui se trouvent au cœur des réflexions de la classe politique ou du gouvernement, mais aussi des syndicats et des associations, depuis de nombreuses années. En outre, gendarmerie et police se voient complétées (pour les optimistes) ou concurrencées (pour les autres) par une institution désormais incontournable : la, ou plutôt les polices municipales. La troisième section de cette première partie leur est consacrée. Depuis la loi du 15 avril 1999 qui l'encadre juridiquement en France, ce corps a connu un développement ininterrompu, devenant non seulement un élément majeur des campagnes électorales de nombreuses villes mais aussi un partenaire inévitable pour les forces de sécurité nationales. Le positionnement de cette troisième force n'est pas toujours clair, entre police de proximité réinventée ou supplétif des gendarmes et policiers.

La deuxième partie du livre s'attache quant à elle à l'étude des acteurs du domaine marchand, dont l'essor est spectaculaire. En ouverture, une section consacrée à la filière de la sécurité privée, incarnée notamment par les vigiles désormais si familiers dans les centres commerciaux, hypermarchés et espaces culturels accueillant événements et spectacles. Pour autant, ces entreprises montent en puissance et sont capables aujourd'hui de proposer des offres à haute valeur ajoutée, avec une forte dimension technologique pour surveiller et protéger, y compris du ciel grâce à des drones particulièrement efficaces. La deuxième section traite spécifiquement des équipes de sécurité des grandes entreprises, dans le secteur des transport (SNCF, RATP, aéroports, etc.) mais pas seulement puisque les organisateurs d'évènements sportifs, musicaux ou les gestionnaires de parcs d'attraction doivent aussi être en mesure d'assurer la sécurité de leurs activités, de leurs employés et de leurs clients. Pour boucler cette partie, la troisième section aborde des aspects plus dispersés de la sécurité mais qui connaissent une popularité croissante. Depuis le vigilantisme – cette propension qu'ont des personnes privées à vouloir jouer un rôle actif pour sécuriser leur voisinage ou, dans les cas extrêmes, suppléer voire se substituer aux forces de police – jusqu'au retour en force des détectives privés, dans une version éloignée des clichés des films noirs mais sans doute plus performante. La mode des gardes du corps pour particuliers est également étudiée dans cet ensemble de pratiques qui échappent peu ou prou au contrôle de l'État.

La dernière partie de ce livre est dédiée à l'analyse de problématiques managériales qui traversent l'ensemble du marché et préoccupent tous les acteurs, publics, parapublics et privés. La plus sensible est certainement la question des ressources humaines qui est aujourd'hui l'enjeu majeur pour tous les métiers de la sécurité. Baisse de la quantité des candidats et, corrélativement, baisse de leur qualité, sur trois niveaux : intellectuel, moral et physique. Comment pallier cette difficulté ? Comment par ailleurs former ceux qui rejoignent la profession, jeunes et pas toujours aptes à remplir des fonctions où rigueur et légitimité vont de pair ? La deuxième section aborde la question des outils et des équipements disponibles. Si certains moyens désormais proposés aux établissements en charge de la sécurité n'apportent que de simples améliorations techniques, d'autres modifient la nature même du métier ou les conditions de son exercice. On peut s'en réjouir car la sécurité en devient moins chère et plus efficace ; on peut aussi s'en émouvoir, puisqu'elle est totalement ou partiellement déléguée à des machines, même dotées d'une intelligence artificielle… Enfin, la dernière section s'attache à proposer des témoignages de professionnels. Femmes et hommes, experts ou novices, fonctionnaires ou employés du secteur privé, ils partagent avec nous des éléments de leur quotidien, aux difficultés réelles mais qui n'altèrent pas leur engagement en faveur de la sécurité de tous. Nous tenons à remercier ces témoins de la réalité du marché de la sécurité (maintenus ici dans l'anonymat, pour des raisons évidentes).

Surveiller mieux, de façon plus économique. La question n'est pas neuve et c'est d'ailleurs le point de départ de la réflexion du philosophe anglais Jeremy Bentham lorsqu'en 1786 il conçoit une construction novatrice : le panoptique[7]. Il s'agit, on le sait, d'un dispositif architectural permettant une surveillance totale grâce à une idée avant-gardiste, obtenue en plaçant les gardiens dans l'obscurité et les surveillés en pleine lumière. On peut ainsi « voir sans être vu ». La réflexion de Bentham vise surtout à l'amélioration du système judiciaire et pénitentiaire, mais elle s'étend potentiellement à tous les lieux où des individus sont réunis et doivent être surveillés. Cela inclut les écoles, les hôpitaux, les manufactures (devenues nos usines) et, s'ils avaient existé, cela intégrerait les centres commerciaux et les supermarchés nés à l'ère de la consommation de masse. L'idée directrice de ce projet n'est pas l'avènement d'une société sans liberté ni libre arbitre ; Bentham est utilitariste, il cherche à générer un progrès, à créer le bonheur du plus grand nombre. Son outil doit permettre l'optimisation sociale. Le bien de tous.

L'édifice conçu par le britannique et le principe qui le régit constituent « un événement dans l'histoire de la pensée[8] » nous dit Foucault, pour qui ils sont une clé d'analyse essentielle pour appréhender les techniques politiques et gestionnaires de

---

[7] Jeremy Bentham, *Panoptique. Mémoire sur un nouveau principe pour construire des maisons d'inspection, et nommément des maison de force*, Assemblée nationale, 1791.

[8] Michel Foucault, *Surveiller et punir. Naissance de la prison*, Gallimard, 1975, p. 52.

gouvernement des individus. En effet, dans le modèle benthamien, le pouvoir devient invisible mais total, anonyme mais omniscient, à faible coût mais à caractère dissuasif fort.

La pluralité des forces de sécurité en exercice en France joue-t-elle ce rôle ? Ou bien est-ce exactement l'inverse : un pouvoir très visible et à coût élevé, du fait de ses redondances, chevauchements et doublons ? La multiplicité des dépenses de sécurité a-t-elle l'effet dissuasif attendu ? Ou bien, comme la ruse de Parmentier[9], la surprésence des gendarmes, policiers, vigiles et autres agents de sécurité suscite-t-elle des tentations et provoque-t-elle les atteintes aux personnes et aux biens qu'elle est censée empêcher ? Question infinie, jamais résolue, mais qui mérite d'être rappelée avant d'entamer cette enquête sur les enquêteurs…

---

[9] La légende veut que, pour vaincre les réticences de la population à l'encontre des pommes de terre, le célèbre botaniste fit surveiller le champ de la plaine des Sablons uniquement de jour. La présence de soldats est perçue comme un signal de valeur et provoque des vols nocturnes pour déguster le mets royal. Quoique fausse, cette réécriture des faits de 1786 est passée à la postérité pour montrer que la surveillance peut entraîner des effets pervers.

Première partie

Les forces publiques à la croisée des chemins

La gendarmerie, une vieille garde toujours vaillante

« Une même flamme nous anime ». Diffusée depuis octobre 2022, cette accroche de la campagne de recrutement de la Gendarmerie nationale lui a valu de recevoir le trophée de la marque employeur, à l'occasion du 36e Grand Prix de l'association nationale des communicants d'entreprise le 11 mai 2023[10]*. Cette réussite ne doit pas masquer les motifs qui ont présidé à cette commande : il y avait le feu pour la vénérable institution issue de la maréchaussée. Un coup de jeune esthétique suffira-t-il à relancer les vocations et à moderniser un fonctionnement parfois jugé trop traditionnel ? Militarité et management contemporain sont-ils compatibles ?*

Une force de sécurité militaire et populaire

Depuis la loi du 3 août 2009, la Gendarmerie nationale est sous la tutelle du ministère de l'Intérieur, comme son homologue pour la sécurité intérieure, la Police nationale. Pour autant, elle conserve des liens avec le ministère des Armées (anciennement « de la Défense ») et ses effectifs demeurent sous statut militaire (mis à part les 2 700 civils qu'elle compte). La volonté de simplification peut créer de la complexité…

Une pièce majeure de la sécurité territoriale

Le maintien de l'ordre public vise, dans son acception générale, à assurer le respect de la loi et des institutions pour garantir la continuité de la vie sociale dans un territoire donné. Dans ses volets préventifs et répressifs, cette action peut

[10] Réalisée pour relancer l'attractivité de la Gendarmerie nationale en tant qu'employeur tout en modernisant son image, cette campagne a été conçue par TBWA Corporate. Diffusée sur de nombreux supports (télévision, presse, affichage, réseaux sociaux), elle a entraîné, selon le Sirpa-G, une hausse de plus de 600 % des connexions sur le site de recrutement.

entraîner des mesures dites « de police », parmi lesquelles figure la privation de libertés individuelles ou collectives. Cette prérogative sans équivalent justifie le système régalien qui fait dépendre de la puissance gouvernante les institutions qui assurent le maintien de l'ordre. Dans les régimes démocratiques, par précaution et souci d'équilibre, cette mission est partagée entre plusieurs forces distribuées soit en strates – c'est le modèle états-unien, avec un empilement d'acteurs aux compétences distinctes[11] – soit en zones socio-géographiques. Dans cette configuration, les forces nationales ont les mêmes missions mais se répartissent le territoire : c'est le cas de la France et de certains de ses voisins, comme l'Espagne ou l'Italie. En outre, pour des raisons historiques (*cf.* encadré page suivante) et politiques, l'Hexagone se distingue par le fait qu'une des deux composantes de sa force de sécurité publique est militaire et, de par son statut, présente « en tout temps et en tout lieu » selon la formule bien connue de l'article L. 4121-5 du code de la défense.

Dans cette structure territoriale de la sécurité intérieure, la Gendarmerie nationale se démarque par son antécédent historique sur la Police nationale (créée en 1941) et, surtout, par son maillage étroit et constant de l'ensemble du pays. En effet, si les deux forces de l'ordre se partagent la population à parts quasiment égales (*cf.* chapitre suivant), la gendarmerie couvre 95 % du territoire, en métropole et outre-mer. Grâce à ce déploiement de proche en proche, elle incarne depuis le Moyen Âge le maintien de l'autorité de l'État et, de ce fait, a contribué très tôt à former la Nation au sein des frontières qui se sont peu à peu stabilisées dans leur périmètre actuel.

Aujourd'hui encore, sa présence concrétise la continuité de l'action de l'État sur tous les territoires : avec plus de 3000 unités de terrain[12], son réseau de brigades est sans équivalent et rend tangible l'égalité de tous devant le service public de sécurité, au cœur de la démocratie. Quelles autres institutions pouvaient

---

[11] Les spectateurs des œuvres de fiction cinématographiques ou télévisées sont familiers de la multiplication d'uniformes différents sur une même scène de crime, du shérif du comté local au marshal de niveau fédéral ou au FBI. Il en résulte des conflits, chacun cherchant à prendre l'ascendant sur l'autre, *a fortiori* dans un système où une partie des mandats procède d'élections.

[12] Il y en avait 3049 en 2023, auxquelles il faut ajouter les 239 nouvelles.

rivaliser sur la durée ? L'école républicaine, les pompiers, les postes et télécommunications ou le transport ferroviaire ont vu leurs activités se rationnaliser et leur présence se résorber au fil des progrès techniques ou des réformes administratives. La gendarmerie dispose toujours du premier réseau territorial de l'État et cette proximité explique sans doute une part de sa popularité auprès des citoyens. Elle a ainsi remporté en 2024 le 1er prix de la relation client[13]... pour la huitième année consécutive et avec un score en hausse !

Du haut de cette institution,
huit siècles vous contemplent

Chaque gendarme le sait et en fait un sujet de fierté : il appartient à l'une des institutions les plus vieilles du pays, dont l'origine remonte à la Maréchaussée de France, née pendant la guerre de Cent Ans, temps de brigandage qu'il faut réprimer.
Sa compétence est étendue à toute la population en 1536 tandis que les brigades voient le jour en 1668, ainsi que le maillage territorial (1720), particulièrement stable jusqu'à nos jours : 420 des 500 brigades de l'époque demeurent actives au même endroit ! En 1791, le législateur transforme cette structure en Gendarmerie nationale, dont les attributions seront précisées par la loi du 28 germinal an VI (17 avril 1798), qualifiée de « grande Charte » de l'institution, alors forte de 10 000 hommes.
Sanctionnée pour sa fidélité à l'Empereur, la gendarmerie va progressivement regagner en légitimité et en puissance au fil du XIXe siècle, avec des faits d'arme exemplaires (guerre de Crimée ou contre la Prusse) et des consolidations réglementaires successives, comme le rattachement de la garde républicaine (1849). La notoriété de l'institution est telle que ses effectifs passent dans l'imagerie populaire – en adversaire de Guignol, par exemple – grâce à des signes distinctifs facilement identifiables : bicorne et moustache (obligatoire jusqu'en 1933).

[13] Créé en 2003 par les entreprises BearingPoint et Kantar, le « Podium de la Relation Client » est devenu une référence. La Gendarmerie nationale est victorieuse dans la catégorie « service public » depuis 2016, avec un résultat en progrès sur plusieurs indicateurs de relation avec les usagers.

La Gendarmerie nationale est fracturée par la Seconde Guerre mondiale. Une partie substantielle de ses effectifs participe aux missions commanditées par le gouvernement de Vichy (arrestation des résistants ou de réfractaires au travail obligatoire en Allemagne et déportation des Juifs) tandis qu'une autre s'illustre dans la lutte contre l'occupant. Elle sera ensuite fortement impliquée dans les opérations militaires liées à la décolonisation.
Après ces périodes tourmentées, l'institution entame une modernisation sensible : féminisation (1972), fin du rattachement à la justice militaire et création de la Direction générale de la Gendarmerie nationale (1981) et, enfin, direction par un général issu de ses rangs et non par un magistrat (2004).

Un statut militaire au cœur de l'identité des gendarmes

La Gendarmerie nationale est une force militaire – c'est la seule parmi celles évoquées dans ce livre – et ce n'est évidemment pas sans incidence sur l'exercice de ses missions. D'aucuns avaient imaginé que le transfert au ministère de l'Intérieur en 2009 allait entraîner une dissolution voire une disparition du statut de force armée. C'est le contraire qui s'est produit et aujourd'hui l'identité militaire de l'institution s'exprime plus fortement que jamais, réaffirmée sans ambiguïté par le législateur[14].

En premier lieu, ce statut l'amène à disposer d'une palette d'activités et de compétences étendues, aussi bien pour les opérations habituelles de police ou de maintien de l'ordre qu'en cas de crise. L'action dans toute l'étendue du territoire et toute la variété des situations est facilitée par ce statut et les moyens qui en découlent. En outre, tout en ayant une forte culture de l'engagement et de la discipline, les effectifs sont disponibles sans interruption (le temps de travail n'est pas limité) ce qui

---

[14] Selon la loi du 3 août 2009, la Gendarmerie nationale est « une force armée instituée pour veiller à l'exécution des lois ». La loi du 25 mars 2005 portant statut général des militaires définit la mission des gendarmes (défense de la patrie et des intérêts supérieurs de la nation) et les exigences qui en découlent : esprit de sacrifice, loyauté et neutralité, principes d'obéissance et de responsabilité, sujétion de service.

autorise rapidité et efficacité dans l'action, atouts opérationnels incontestables – d'autant plus que le corps de réservistes permet une montée en puissance quasi-immédiate. Avec la gendarmerie, l'État dispose d'un levier d'action dont les capacités excèdent celles de la police, sans être obligé de recourir à l'armée… mais en étant en mesure de pouvoir dialoguer avec elle, voire de s'appuyer sur ses ressources si cela s'avère nécessaire. La culture de la coopération interarmées est une plus-value dont les deux ministères de tutelle ont compris l'intérêt.

En deuxième lieu, ce statut a un impact très concret sur les effectifs (hors civils) dont la militarité transmise lors de la formation se prolonge ensuite tout au long de la carrière, ne serait-ce que par le logement en caserne : la plupart des gendarmes logent là où ils agissent[15], ils sont partie intégrante de la population qu'ils protègent au quotidien. Cette immersion confère simultanément proximité et réactivité. Sans la dimension militaire qui préside aux restrictions dans les choix d'affectation et de domicile[16], la couverture du territoire serait plus difficile à réaliser, notamment en outre-mer ou dans des zones rurales. Et la présence permanente est le gage d'une réponse immédiate à des évènements soudains (accidents, attentats, phénomène climatique).

Depuis peu, la formation donne encore plus de place à cette militarité, dont la hiérarchie perçoit qu'il faut la renforcer. Ainsi, l'École des officiers de la Gendarmerie nationale (EOGN[17]) a procédé depuis 2023 à une montée en intensité des apprentissages militaires et tactiques qui se déroulent notamment au centre régional d'instruction de Beynes (Yvelines), à l'école de Châteaulin (Finistère) et au camp militaire de Coëtquidan (Morbihan). Si le constat d'une violence accrue des situations rencontrées par les forces de l'ordre n'est pas étranger à ce choix,

---

[15] Certains effectifs ne sont pas concernés, comme les corps de soutien, sans qu'évidemment cela n'altère leur militarité, ni ne nuise à leur efficacité.

[16] Le lieu de résidence est imposé, mais avec une contrepartie : « les personnels de tous grades de la gendarmerie nationale en activité de service et logés dans des casernements ou des locaux annexés aux casernements bénéficient d'une concession de logement par nécessité absolue de service » (article D2124-75 du code général de la propriété des personnes publiques).

[17] Académie militaire de la gendarmerie nationale depuis le 1er septembre 2024.

la volonté de former des *militaires* est également explicite. Au fil du cursus, cela passe par des moments de communion (hommage aux héros[18]) et d'expression des traditions, dont l'acmé est la remise des sabres, cérémonial où les officiers s'engagent à respecter courage, dévouement et exemplarité. Les symboles (comme une statue d'officier en tenue de tradition, inaugurée en 2023) et les noms de baptême des promotions (« connétable Du Guesclin[19] » en 2024, après « combat de Pontlieue[20] ») jouent un rôle non négligeable dans cet ancrage au sein des forces armées.

Une modernisation à poursuivre pour gagner en efficacité

Le déménagement de la Direction générale de la Gendarmerie nationale dans son nouveau siège d'Issy-les-Moulineaux (Hauts-de-Seine) est un symbole clair du renouveau de son état d'esprit. Les personnels jusqu'alors dispersés sur 12 sites sont regroupés depuis 2012 dans un bâtiment moderne adossé à l'ancien bastion sud du Fort d'Issy, datant du XIXe siècle. Cette enjambée entre les époques, entre la pierre des fortifications et l'acier et le verre du IIIe millénaire, illustre la situation de l'institution.

L'enchaînement des réformes structurelles marque une volonté d'adapter un corps militaire stratifié aux contingences contemporaines. En 2005, la chaîne de commandement territorial est réorganisée pour s'articuler aux 22 régions administratives ; en 2013, c'est l'articulation des échelons territoriaux qui est revue, dans un souci de rationalisation et de lisibilité. Dans le même temps, certains sujets posent des difficultés ou recouvrent des enjeux majeurs pour l'avenir.

---

[18] Depuis 1993, le 16 février est le jour du souvenir de la Gendarmerie nationale, qui commémore ceux qui ont péri dans l'accomplissement de leur mission.

[19] À en croire l'EOGN, la passerelle entre passé et présent est explicite : « Figure fédératrice et pacificateur de la France du Moyen Âge, le connétable du Guesclin incarne pleinement l'autorité, la militarité et l'innovation, qualités premières du chef militaire et de l'officier de gendarmerie du XXIe siècle ».

[20] Cette bataille eut lieu au Mans, en 1871 : 105 gendarmes se sacrifièrent pour permettre à la 2e armée de battre en retraite face à l'avancée prussienne.

La militarité est-elle adaptée aux nouvelles générations ?

La dimension militaire est à la fois le trait distinctif historique de la gendarmerie et son atout majeur pour de nombreuses missions. Elle lui garantit adaptabilité, discipline et réactivité, entre autres. Pour autant, cette identité entraîne également des contraintes qui, aujourd'hui, peuvent paraître pénalisantes pour attirer de nouvelles recrues. La formation militaire est exigeante, le formalisme hiérarchique envahissant, les obligations professionnelles nombreuses dont, à titre principal, le port de l'uniforme et, pour certains, le logement en casernes (dont toutes ne présentent pas un degré d'attractivité élevé, tant s'en faut).

Comment concilier ces aspects et ce à quoi ils renvoient en arrière-plan – l'esprit de sacrifice, des risques réels, le sens du devoir – avec les évolutions comportementales constatées depuis plusieurs années chez les jeunes adultes susceptibles de venir grossir les rangs de la gendarmerie ? La confrontation entre la militarité et les valeurs sociales actuelles est complexe. L'individualisme s'oppose à la cohésion, la quête d'implication à l'autorité, l'hédonisme à la rusticité, le particularisme communautaire à l'universalisme de la collectivité nationale.

Il est essentiel que l'institution parvienne à prendre la mesure de ce qui est vital pour son fonctionnement et de ce qui est nécessaire pour séduire des candidats. Ainsi, la mission ne sera pas forcément accomplie parce qu'elle est ordonnée mais parce qu'elle a du sens, à charge pour les cadres de savoir en donner. De la même façon, le collectif professionnel est accepté (voire apprécié) s'il n'interdit pas de mener une vie sociale et familiale jugée normale. Le respect des supérieurs s'obtient par la confiance et l'exemplarité et non uniquement par l'échelle des grades. L'accompagnement au fil de la carrière et la prévention des risques psycho-sociaux, notamment après des épisodes potentiellement traumatisants, doivent également être à l'agenda de l'institution. À l'inverse, la détection des profils à la recherche d'émotions liées au caractère militaire, par goût ou par idéologie, doit aussi être menée, pour éviter des dérives préjudiciables.

Pour la force en interface, la coopération est-elle réaliste ?

Force armée placée sur la tutelle du ministère de l'Intérieur, force de sécurité intérieure au statut militaire, la Gendarmerie nationale se trouve formellement en interface entre la Police nationale et les armées (chacune d'entre elles, mais aussi le service de santé des armées et le commissariat aux armées). Ses effectifs la situent légèrement en deçà de ses homologues : on dénombre environ 100 000 gendarmes pour 150 000 policiers et 300 000 militaires (dont la moitié pour la seule armée de terre)[21]. La conséquence de ce positionnement est que la gendarmerie est supposée à la fois mutualiser et rationaliser ses moyens et ses missions avec ceux de la police tout en se coordonnant avec l'armée pour ses actions qui nécessitent des capacités militaires.

De prime abord, on aurait pu imaginer que la distance organique prise en 2009 avec le ministère de la Défense se serait traduite par un relâchement du lien avec les forces armées. Or, depuis cette date, c'est l'inverse qui s'est passé et l'emploi de la Gendarmerie nationale pour des missions de défense s'est accru tandis que son identité militaire a été renforcée. Elle constitue une force légitime, reconnue et appréciée pour les activités de défense, c'est-à-dire qui concernent la partie la plus intense des missions de sécurité intérieure. Elle dispose d'ailleurs pour ce faire d'outils adaptés, en particulier ses branches spécialisées[22], largement sollicitées en soutien des différentes armes, de même que la gendarmerie prévôtale, réorganisée en 2012[23]. Depuis 2015, elles ont d'ailleurs été renforcées consécutivement à la hausse de la menace terroriste et, en parallèle, des tensions internationales, de l'Afghanistan à l'Ukraine.

Pour autant, ces prestations militaires de la gendarmerie viennent en plus de ses missions traditionnelles et rendent

---

[21] Selon le rapport d'information n° 271 de la commission des Affaires étrangères, de la défense et des forces armées du Sénat.

[22] Aux côtés des trois subdivisions d'arme (gendarmerie mobile, gendarmerie départementale et garde républicaine), il existe des services spécialisés : gendarmerie de l'armement, gendarmerie des transports aériens, gendarmerie de l'air, gendarmerie maritime et une gendarmerie de la sécurité des armements nucléaires. D'autres structures complètent cet édifice, comme le GIGN.

[23] « Apparue au XIIe siècle, pour l'exercice de la justice dans l'environnement des guerres, la prévôté est la mission la plus ancienne et la racine militaire de la gendarmerie. Le champ de ses missions s'est élargi au fil des siècles, lui conférant aujourd'hui une importance croissante pour l'accompagnement des forces armées en opérations extérieures » (Charlotte Desjardins, « La prévôté, racine et ancrage militaire de la gendarmerie », *Gendinfo*, 13 septembre 2023).

nécessaire une certaine agilité organisationnelle : il lui faut savoir travailler de concert avec la Police nationale tout en développant une interopérabilité avec les armées. Bien qu'une convention cadre formalise ces relations, cela n'empêche pas que la coopération se teinte parfois de dépendance (par exemple pour les moyens de projection aéroportés) rendant délicate la tenue des priorités des uns et des autres, d'autant que les différences de culture opérationnelle (planification pour les armées ; conduite pour la gendarmerie) peuvent créer des malentendus.

Finalement, la descendante de la maréchaussée doit réussir à collaborer efficacement avec la police et les armées, c'est-à-dire à développer deux fois plus de compétences partenariales que ses pairs. Plus proche de la population que les militaires, plus habituée aux défis sécuritaires de haute intensité que la Police nationale, elle joue un rôle stimulant mais complexe dans la palette des forces régaliennes. Elle doit parvenir à en tirer profit, pour accroître son efficacité opérationnelle, y compris dans les savoir-faire inter-organisationnels qu'elle pourra mettre en œuvre avec d'autres structures, typiquement en cas de crise (sécurité civile, pompiers ou douanes : *cf.* encadré).

Sécurité aux frontières et lutte contre les trafics :
la Douane confrontée aux nouvelles technologies

Autre force, autre uniforme. Ici, c'est la célèbre bande garance du pantalon qui s'impose comme marque distinctive d'un corps de 18 000 agents (dont 40 % de femmes) rattaché au ministère de l'Économie, des Finances et de la Souveraineté industrielle et numérique. Grâce à son maillage de 200 bureaux et 270 unités de surveillance, l'administration des douanes mène des missions de contrôle des marchandises (flux entrants et sortants), de lutte contre la criminalité et de surveillance des frontières du pays qu'elles soient terrestres ou maritimes et, désormais, physiques et numériques. Outre le prélèvement des éventuels impôts et la vérification du respect des normes françaises et européennes (produits illicites, dangereux ou contrefaits), ces activités de « garde-frontières » conduisent cette administration à être fortement investie sur les questions migratoires.

D'aucuns auraient pu imaginer que le renforcement et l'extension de l'Union européenne depuis le traité fondateur signé à Maastricht en 1992 auraient conduit à une baisse des enjeux frontaliers et, subséquemment, du travail des douanes. Il n'en est rien, évidemment, du fait d'une part de l'intensification de la mondialisation sur la même période et, d'autre part, de l'usage des nouvelles technologies pour produire, transporter et faire commerce de biens litigieux : drogues de synthèse, faux médicaments, cosmétiques, jouets, produits électroniques, haute couture et, bien sûr, cigarettes[24]… Le fruit des saisies évoque un inventaire à la Prévert, tout comme la liste des moyens déployés par les trafiquants, innovants et variés : usines mobiles, drones, impression 3D, etc. L'ambition de l'institution s'en ressent, avec une volonté de mobiliser des outils de même nature, en adossant ses missions aux solutions offertes par l'intelligence artificielle, le *big data* ou les capacités cyber, pour cibler et détecter les fraudes. Le projet annuel de performances 2024 en fait d'ailleurs un axe prioritaire[25].
Face à la menace terroriste et l'instabilité géopolitique, le rôle sécuritaire de la Douane s'est réaffirmé. Il est d'ailleurs notable qu'elle ait participé en 2016 au défilé du 14 juillet, après un siècle d'absence, ou qu'elle se voit dotée d'une réserve opérationnelle (elle était la seule force de sécurité qui n'en disposait pas)[26].

Comment fonctionner durablement sous budget contraint ?

Fort de 10,87 milliards d'euros en 2024, en progression de 4,8 %, le budget de la Gendarmerie nationale augmente de façon régulière depuis une décennie. Néanmoins, cette situation n'est favorable qu'en apparence, pour plusieurs raisons. Tout d'abord, comme pour l'éducation, la santé ou l'enseignement supérieur et

[24] « En France, le marché parallèle du tabac représente entre 14 % et 23 % de la consommation », Simon Piel, Thomas Saintourens, « Les nouveaux visages du trafic de cigarettes », *Le Monde*, 16 octobre 2021, p. 14-15.

[25] Isabelle Braun-Lemaire, *Projet annuel de performances, Programme 302 : Facilitation et sécurisation des échanges*, Direction générale des douanes et droits indirects, décembre 2023, 48 p.

[26] Isabelle Couet, « Contrôle douanier : une réforme historique pour garantir les libertés individuelles », *Les Échos*, 4 avril 2023, p. 3.

la recherche, le poids de la masse salariale est considérable, puisqu'elle représente bon an mal an 85 % du budget. Sans celle-ci et sa dynamique propre, les moyens accordés pour le fonctionnement ou l'investissement stagnent. Ensuite, les hausses budgétaires sont généralement accordées non pas pour réévaluer les dépenses existantes mais pour prendre en charge de nouvelles missions (cyber-gendarmerie, protection de l'environnement) ou étendre le périmètre des activités déjà assumées, comme lors de la création de 200 brigades en 2023. Dernier point, majeur, qui vient minorer cette apparente situation financière positive : pour des raisons historiques, la gendarmerie dispose d'un patrimoine immobilier à la fois important et ancien (elle possède par exemple 655 casernes ! Mais elle en loue par ailleurs plus de 3000…). Ce n'est pas une bonne nouvelle dans la mesure où l'entretien, la maintenance, la rénovation et la mise aux normes de ce parc de bâtiments de toute nature sont particulièrement coûteux. Faute d'entretien suffisant, les bâtiments se dégradent (parfois jusqu'à l'insalubrité)… ce qui en augmente ensuite le coût d'entretien !

Face à une telle tension financière, deux réponses sont possibles. La première consiste à faire avec et à fonctionner en mode dégradé. Il s'agit alors de continuer à accomplir les tâches requises avec, soit une baisse qualitative des moyens disponibles, soit une baisse quantitative. Avec moins de ressources ou des ressources altérées, peut-on conserver un niveau de performance équivalent ? Peut-on continuer à assurer des missions sans mise en péril des effectifs ou des usagers ? Outre l'anomalie qui réside dans la transformation d'un état d'exception en état normal, habituer les personnels à travailler avec des moyens insuffisants peut exposer à une lassitude (démotivation, départs anticipés), à des risques (mise en danger de soi-même ou des autres) et à des difficultés à convaincre des recrues potentielles.

La seconde réponse réside dans la recherche active d'autres financements. La Gendarmerie nationale réalise parfois des prestations au profit d'une personne morale ou physique autre que l'État et n'entrant pas dans le cadre de ses attributions ; on parle alors de « missions non spécifiques ». De même, il existe des prestations marchandes (« services d'ordre indemnisés ») qui donnent lieu à rémunération – le Conseil d'État a clairement confirmé le caractère onéreux d'un service d'ordre excédant les obligations normales incombant à la puissance publique et assuré par les forces de l'ordre pour un évènement privé, même sans convention entre les parties[27]. Dans le même ordre, les écoles de gendarmerie peuvent proposer des formations payantes pour des entreprises, par exemple pour du *team building*. Difficile toutefois d'imaginer la gendarmerie démarchant les clients potentiels, *a fortiori* pour des recettes foncièrement marginales. La dernière piste qui commence à être explorée est celle des financements européens ou nationaux, publics ou privés, pouvant venir en soutien d'un projet ou en complément de la dotation financière annuelle. Le commandement de la gendarmerie dans le cyberespace (ComCyberGend) a eu recours aux fonds européens, à hauteur de 4 millions d'euros, tout comme d'autres structures à l'instar du pôle judiciaire (PJGN) ou du centre de recherche de la Gendarmerie nationale (CRGN)[28]. Ce dernier a également activé le mécénat, pour deux chaires académiques inaugurées en 2023.

La Gendarmerie nationale est un acteur essentiel du marché de la sécurité en France – même si ses officiers trouveraient sans nul doute désobligeante cette formulation. Car, si elle agit avec des acteurs marchands soit pour leur vendre des prestations, soit pour travailler en collaboration (polices privées, agences de sécurité), elle demeure avant tout fortement marquée par son identité militaire et sa tradition d'engagement en faveur de la population et de l'État. Cette culture du service public et de l'intérêt général explique sans doute des réticences à s'engager plus avant dans des démarches strictement gestionnaires. Cela n'interdit pas d'adopter des logiques managériales, en particulier pour les missions des officiers du corps technique et administratif ou pour diffuser auprès des effectifs des principes d'innovation, de conduite du changement ou de logistique opérationnelle.

---

[27] Conseil d'État, 5e-6e chambres réunies, 11 mai 2022, n° 449370.

[28] Pour un état des lieux sur ces points, voir : Ltn Bertrand Soulez, *La recherche de financements extérieurs en gendarmerie*, Mémoire de recherche appliquée, Master management des organisations, Upec-EOGN, 2023.

La police parviendra-t-elle à garder la paix intérieure ?

Sa mission permet d'assurer aux citoyens la sûreté, droit inscrit dans la Déclaration de 1789 qui, en outre, dispose qu'une force publique est nécessaire pour garantir ce droit[29]*. Cette légitimité politique n'empêche pas la Police nationale d'être aujourd'hui confrontée à une crise, en interne et vis-à-vis de la société. Défendre les institutions, protéger les personnes et les biens sont des objectifs louables, mais la manière de les exercer fait débat (quelle police ? Pour quel projet de société ?), tout comme les conditions de leur réalisation (quelle attractivité pour un métier contesté, dans une société violente et soumise à de multiples radicalités ?).*

Une institution essentielle au parcours erratique

Une institution équivalent à la Police nationale existe de longue date en France, sinon depuis la lieutenance de Paris, prémices de la police moderne (1667), du moins depuis la création de la préfecture de police de Paris (1800). Toutefois, la dénomination apparaît formellement dans le décret du 14 août 1941 signé de Philippe Pétain, alors chef du gouvernement provisoire, et formant acte de naissance de la « Police nationale » (en agrégeant Sûreté nationale et diverses polices municipales). Certes, après dissolution partielle à la Libération, c'est la loi du 9 juillet 1966 qui institue la Police nationale telle que nous la connaissons, néanmoins le mal est fait : cette origine malvenue est régulièrement soulevée par des opposants politiques, pour discréditer l'institution en l'associant au régime de Vichy. La collaboration policière est attestée[30] mais ne saurait résumer une

[29] La *Déclaration des droits de l'homme et du citoyen* (1789) énonce en son article 2 quatre droits naturels imprescriptibles : la liberté, la propriété, la sûreté et la résistance à l'oppression. Son douzième article énonce que « la garantie des droits de l'homme et du citoyen nécessite une force publique ».

[30] Preuve de ce malaise institutionnel, la chronologie institutionnelle sur le site du ministère élude la période en question (rubrique « notre-histoire »).

institution qui existait auparavant et a, depuis, su se réformer progressivement.

La loi des séries : des prouesses, des drames et des réformes

Les 50 dernières années ont été marquées pour la Police nationale par des enchaînements de réussites incontestables, de drames préjudiciables et, souvent en guise de réponses à ceux-ci, de réformes successives. Les légendes fondatrices constamment convoquées – Bertillon, les brigades du Tigre[31] – ne doivent pas masquer les réussites de la fin du XXe siècle ou du début du millénaire. C'est à la persévérance de Martine Monteil, alors à la tête de la brigade criminelle, que l'on doit l'arrestation du tueur en série Guy Georges en 1996 et c'est au RAID[32] que sont redevables les parents des enfants pris en otage en mai 1993 dans une école maternelle de Neuilly-sur-Seine (Hauts-de-Seine)[33]. Dans le même temps, les forces de police se sont aussi malheureusement illustrées par des erreurs ou des fautes, depuis la mort de Malik Oussekine en décembre 1986 sous les coups des « voltigeurs » (des policiers à moto)[34] jusqu'à celle de Nahel Merzouk en juin 2023, prétexte à des émeutes à travers le pays[35].

En parallèle de ces illustrations positives ou sombres de l'activité policière et, parfois, à cause d'elles, des réformes ont également marqué l'institution. Citons la féminisation, dès 1966 pour les officiers et en 1978 pour les gardiens de la paix, ou la création de services spécialisés pour répondre aux défis posés par

---

[31] Le criminologue Alphonse Bertillon (1853-1914) élabora l'anthropométrie judiciaire, système d'identification largement utilisé dans le monde. Les Brigades régionales de police mobile, appelées plus tard « du Tigre » en référence à leur fondateur, Georges Clemenceau, furent créées en 1907 et permirent notamment l'arrestation de la fameuse bande à Bonnot (1912).

[32] Acronyme de « Recherche, assistance, intervention, dissuasion ».

[33] Patricia Tourancheau, *Guy Georges : la traque*, Fayard, 2010 ; Florence Aubenas, Brigitte Vital-Durand, « Human bomb : une classe de maternelle prise en otage à Neuilly », *Libération*, 14 mai 1993.

[34] La mort de cet étudiant de l'université Paris Dauphine entraînera la dissolution du bataillon des voltigeurs motocyclistes de la police.

[35] Selon un rapport de la commission des Lois du Sénat, les violences urbaines qui ont suivi le décès du jeune conducteur ont provoqué un milliard d'euros de dégâts, montant sans précédent dû notamment à la dégradation de plus de 2 500 bâtiments (dont 273 commissariats et gendarmeries, 105 mairies et 243 écoles).

les malfaiteurs, comme l'office central pour la répression du banditisme (1973) ou le RAID (1985). En 1998, le gouvernement Jospin instaure la « police de proximité », supprimée en 2003, laissant de fait le contact avec le terrain aux brigades anti-criminalité, plus connues sous l'acronyme « BAC »[36]. Dans le même temps, la coopération internationale s'accroit, notamment en raison des accords européens, comme le renforcement de l'espace Schengen en 2005.

Cette transformation se poursuit puisqu'une réforme de l'organisation de la police nationale a été actée en 2024, avec la fusion au niveau départemental des 14 000 enquêteurs de la sécurité publique et de leurs 4 000 homologues des services territoriaux de la police judiciaire (*cf. infra*).

Pour des missions variées,
une organisation aux directions (trop ?) prolifiques

Sous l'autorité du ministère de l'Intérieur et des Outre-Mer, la Police nationale est organisée à partir d'une direction générale qui est chargée du commandement des différentes directions. Celles-ci sont nombreuses, avec des rôles variés. Il faut citer la direction nationale de la sécurité publique (DNSP) dont les effectifs assurent la sécurité publique dans les communes de plus de 10 000 habitants (le reste étant sous la compétence de la gendarmerie), celle de la police judiciaire (DNPJ) en charge du crime organisé et de la grande délinquance, les compagnies républicaines de sécurité (DCCRS) qui assurent le maintien de l'ordre lors d'évènements publics ou encore la police aux frontières (DNPAF), à l'intitulé explicite.

À côté de ces grandes directions, d'autres s'illustrent dans des missions tout aussi importantes mais plus spécifiques, par exemple pour prévenir des risques terroristes (direction nationale du renseignement territorial) ou assurer les fonctions de soutien

[36] D'abord cantonné à Paris et sa petite couronne, ce service de la Police nationale a été porté au niveau national en 1994. Le film *BAC Nord* (Cédric Jimenez, 2020) illustre les ambiguïtés de ces structures : succès public et critique, le long métrage a été au cœur de polémiques politiques, portées par une confusion entre fiction et réalité (le scénario s'inspirait d'un fait divers mettant en cause des policiers des Bouches-du-Rhône).

de gestion des ressources humaines et financières (DRHFS). Les structures spécialisées sont nombreuses : police scientifique (SNPS), inspection générale (IGPN), service de protection des personnalités exposées (SDLP) ou encore force d'intervention (avec les unités du RAID).
La Police nationale dispose d'un établissement en charge du recrutement et de la formation, baptisé « Académie de police », mais dont la Cour des comptes regrette qu'elle « entre en concurrence », pour la définition des programmes de formation continue, avec l'École nationale supérieure de cette institution (ENSP), pourtant sous sa tutelle[37]. Cela illustre les risques d'un organigramme particulièrement fourni, avec des entités dont les périmètres peuvent parfois paraître proches, voire redondants.
Cette profusion de directions se complique d'autant plus si l'on sait qu'à côté de la direction générale de la Police nationale, mais sous la même tutelle (le ministre de l'Intérieur), se trouve la préfecture de police, responsable de l'ensemble du dispositif de sécurité intérieure en Île-de-France, avec commandement et coordination à la fois de la police et de la gendarmerie pour maintenir l'ordre public. Cette institution dispose de son propre organigramme, qui couvre des champs hétéroclites (de la police des débits de boissons à son propre institut médico-légal). Créée en 2012, la préfecture de police des Bouches-du-Rhône répond aux mêmes principes.

Des zones de compétences urbaines très exigeantes

Si la territorialisation de la gendarmerie est consubstantielle à son identité[38], l'origine à la fois plus récente et plus hétérogène de la Police nationale a conduit à une attribution de leurs zones de compétences respectives par tâtonnements. La Cour des comptes[39] identifie différentes étapes de ce partage. En 1983, le

[37] Cour des comptes, « La formation des policiers », *Communication à la commission des finances, de l'économie générale et du contrôle budgétaire de l'Assemblée nationale*, février 2022, 164 p.

[38] Richard Lizurey, *Gendarmerie nationale : les soldats de la loi*, Presses universitaires de France, 2006.

[39] Cour des Comptes, *La redéfinition des zones de compétence de la police et la gendarmerie nationales*, Rapport demandé par la commission des finances

protocole d'accord intérieur-défense disjoint les deux forces de sécurité, essentiellement en Île-de-France. Puis, par petites touches (en 1995, 1998, 2003 et 2006), une répartition de plus en plus rationnelle des forces s'opère (élimination des enclaves, recherche d'équilibre inter-forces). La dernière modification notable eut lieu dans le cadre de la révision générale des politiques publiques (RGPP) entre 2007 et 2011.

Aujourd'hui, le partage est le suivant : les communes affectées à la police sont les chefs-lieux de département, celles comptant plus de 20 000 habitants ou appartenant à un regroupement (avec évidemment diverses exceptions et entorses à ces principes...). Le reste relève de la responsabilité de la gendarmerie. Cela octroie environ la moitié de la population à chaque force mais 95 % du territoire à la gendarmerie et 75 % des infractions à la police, à effectifs moindres[40] ! Finalement, les redécoupages opérés depuis une quarantaine d'années « ont conduit à spécialiser la Police nationale sur les enjeux de sécurité urbaine quand la gendarmerie est devenue quant à elle la force chargée d'intervenir dans les espaces « para-urbains », protéiformes par nature »[41]. Le sujet reste délicat.

Une force de sécurité perfectible et malmenée

Dans la série de bande dessinée populaire *Boule et Bill*, signée Roba et publiée principalement dans les années 1960 et 1970, un policier apparaît de façon récurrente. Souriant et affectueux, « l'agent 22 » gourmande les héros avec bienveillance et les aide régulièrement[42]. À la même époque, dans les pages du même

de l'Assemblée nationale, 2011.

[40] Jean-Dominique Merchet, « Zones police ou gendarmerie : la boîte de Pandore est rouverte », *L'Opinion*, 2 décembre 2020.

[41] Philippe Thiard, Jérôme Baray, « Répartition des zones de compétences entre police et gendarmerie : les leçons d'un apparent changement d'échelle de l'action publique déterminé par l'effet-taille », *in* Joan Le Goff *et al.* (dir.), *Une sécurité publique efficace et responsable ? La Gendarmerie nationale face aux défis sociétaux et managériaux*, EMS, 2024, p. 167-195.

[42] Ce personnage secondaire inspirera Raoul Cauvin pour créer le célèbre « Agent 212 », anti-héros d'une série autonome publiée à partir de 1975.

hebdomadaire (*Spirou*), l'irascible brigadier-chef Longtarin, s'oppose avec virulence à la nonchalance de Gaston Lagaffe, antihéros inventé par André Franquin. Loin d'être anecdotique, cette opposition de personnages que l'on retrouve dans l'ensemble des productions artistiques, de la littérature au cinéma, illustre le caractère bifide de l'institution policière et de sa perception ambivalente par les citoyens.

Des rapports de plus en plus complexes avec la population

Le réflexe du citoyen confronté à un accident ou un délit est de demander à ce qu'on appelle la police à son secours – terme qui figurait d'ailleurs à côté du mot police pour désigner une composante dévolue à l'assistance aux personnes de 1927 à 1984, « Police secours ». Sur les plages estivales (de 1953 à 2013) et en montagne (depuis 1948), les CRS assurent surveillance et sauvetage. Ces rôles remplis par divers éléments de la Police nationale ont été et sont encore unanimement appréciés. Dans le même temps, les forces de l'ordre restent associées au massacre du 17 octobre 1961 (48 manifestants Algériens tués), aux slogans vindicatifs de mai 1968 et aux tensions avec la jeunesse des années 1970. Cette dualité entre protection et répression penche de plus en plus vers le second volet et s'instaure l'idée que la police doit contrôler la population. Cela conduit le ministre de tutelle à diagnostiquer dès 1977 (!) un « fossé » entre le grand public et la Police nationale[43].

Il en résulte, pour inverser le mouvement de balancier, la tentative de création d'une « police de proximité » puis la relance de la pratique de l'îlotage en 1981, après l'arrivée au pouvoir de François Mitterrand. Il s'agit d'affecter à un quartier les mêmes effectifs de police de façon régulière, afin de créer et de maintenir un lien avec la population, d'augmenter la connaissance de l'environnement et de ses particularités, et, ainsi, d'améliorer la relation avec le public et la performance des forces de l'ordre. C'est un travail de long terme, fondé sur la connaissance de part et d'autre, puis la confiance réciproque, ce qui améliore la prévention, la dissuasion et le renseignement. Cette fréquentation

[43] Christian Mouhanna, « Une petite histoire des rapports police-population », *Après-demain*, vol. 54, n° 2, 2020, p. 27-29.

quotidienne des citoyens était l'une des caractéristiques des polices municipales avant leur fusion avec la Sûreté en 1941 et la centralisation étatique que cela a entraîné *de facto*. Elle resurgit régulièrement dans le débat public, sous la dénomination de « police de proximité », notamment en 1997, 2002 ou 2010, au gré des résultats électoraux ou des émeutes dans des quartiers de périphérie urbaine.

Les avantages de l'îlotage semblent plaider en sa faveur : recruté là où il vit, l'agent exerce ses fonctions de façon stable au sein d'un territoire qu'il connaît et où il est connu. Pourtant, ce modèle a aussi été contesté, y compris par les premiers intéressés : la politique de maintien de l'ordre mise en avant comme sa mission essentielle par la Police nationale s'articule assez mal avec la dimension sociale du travail de proximité qui requiert de la compréhension et, parfois, des compromis. Les tenants de la répression voient d'un mauvais œil cette logique de médiation et les risques de subjectivité (et, donc, de différenciation des sanctions), voire de corruption qu'elle génère. L'expansion urbaine a en outre rendu nécessaire les patrouilles en voiture tandis que la démocratisation du téléphone a permis d'être sollicité à distance : face à ces capacités de projection et ces moyens de communication, l'impératif de proximité est devenu caduc, tout du moins en termes pratiques.

Fondé sur un recrutement national et des affectations selon les résultats des concours, en fonction des besoins de l'institution, le modèle actuel de la Police nationale est plus adapté aux missions d'une police d'État qu'à la lutte contre la petite délinquance, pourtant croissante. Comme le résumait Dominique Monjardet : « la centralisation du recrutement a mis en place un système où, pendant une bonne moitié de leur carrière, les personnels sont dans des affectations de passage, contraintes, dont ils ignorent tout, et où ils sont étrangers à tous. S'agissant d'un métier dont l'essence est supposée être la connaissance du terrain et la relation avec la population, on aurait du mal à inventer un mécanisme plus dysfonctionnel… »[44].

[44] Dominique Monjardet, « Réinventer la police urbaine. Le travail policier à la question dans les quartiers », *Les Annales de la Recherche Urbaine*, n° 83-84, 1999, p. 14-22.

Comment renouer avec la population ?

Les programmes des différents candidats en lice pour l'élection présidentielle de 2022 ne trompaient pas : la question de l'ordre public en général et de la police en particulier y était fortement présente.
Au-delà du maintien de l'ordre et du débat sur les violences policières (le mouvement des gilets jaunes était encore dans tous les esprits), le sujet de la relation avec les citoyens figurait en bonne place. Le retour de la police de proximité est proposé par un arc allant de l'extrême gauche au centre, avec en contrepartie pour certains (Jean-Luc Mélenchon) la suppression pure et simple des brigades anticriminalité (BAC). Les candidats qui prônent l'inverse (renforcer les BAC) vantent les mérites de la vidéosurveillance et de la police municipale. Deux visions antagonistes de la sécurité et du rôle de l'État.
Pour autant, il serait faux de croire que l'importance du lien avec la société échappe aux intéressés eux-mêmes. Ainsi, lorsque l'Académie de police a proposé 50 places pour suivre un diplôme de sociologie à l'université de Picardie-Jules Verne[45], elle a reçu 200 candidatures internes – essentiellement de personnels de la sécurité publique, les agents de terrain. Le cursus vise une meilleure compréhension de l'interface entre forces de l'ordre et population. Un sujet ambitieux mais qui montre que la cassure du lien avec ceux que la police doit protéger pose souci aux policiers, en quête de sens dans l'exécution de leurs missions.
Première femme à devenir numéro deux de la Police nationale, Céline Berthon a insisté sur cet aspect lors de sa prise de fonction : « j'aimerais tant que les gens soient convaincus de l'honnêteté de notre engagement, du rôle social que l'on joue, et du courage qu'il faut aux policiers pour faire leur travail »[46]. Un « rôle social » qui semble marquer un retour à une logique de travail avec et pour la population. Mais n'est-il pas trop tard ?

---

[45] Antoine Albertini, « Le succès d'un diplôme de sociologie pour les policiers », *Le Monde*, 31 août 2023, p. 11.
[46] Solenn de Royer, « Céline Berthon, grande cheffe bis de la police », *Le Monde*, 29 juillet 2023, p. 23.

Un management coupable de tous les maux ?

Conjugué à la doctrine de maintien de l'ordre tournée vers le contrôle et la répression qui s'est affirmée dans les années 1960, le mouvement centralisateur entamé dès 1941 a profondément modifié l'institution, devenue une bureaucratie caractérisée par son fonctionnement uniforme et une hiérarchie verticale très marquée[47]. La modernisation des corps et des carrières (1995) et la mise en place de la loi d'orientation des lois de finances (dite « LOLF », 2001) ont achevé de réformer l'édifice, avec l'application de la « nouvelle gestion publique ».

Ce *New public management* a consisté à déployer dans les organisations publiques ou parapubliques (ici la police, mais cela concerne aussi le système de soins ou l'enseignement supérieur, entre autres) des méthodes et des pratiques inspirées de celles en vigueur dans les entreprises[48]. Cela se traduit notamment par la mise en place d'outils de mesure de la performance, une attention forte portée aux résultats et, par ricochet, une compétition entre employés, dont on considère que la seule motivation est d'ordre monétaire (sanctions et récompenses). Dans cette logique, la satisfaction du client – l'usager – occupe une place centrale.

En promouvant une logique de résultats et une qualité de service, cette nouvelle philosophie s'est opposée frontalement à la culture professionnelle de la Police nationale, qui se concevait comme une fonction régalienne au service de l'État et, de ce fait, en antagonisme avec une part de la population (les groupes sociaux présumés dangereux). Comme le résume Frédéric Ocqueteau[49], le commissaire devient un « manager de service » qui doit savoir conduire le changement, développer le travail en réseau, intégrer les procédures budgétaires ou adopter une démarche qualité... Ce que met en avant l'École nationale supérieure de la police, affichant sur son site une interview du

[47] Dominique Monjardet, *Ce que fait la police. Sociologie de la force publique*, La Découverte, 1996.

[48] Christopher Hood, « A public management for all seasons? », *Public Administration*, vol. 69, n° 1, 1991, p. 3-19.

[49] « Le commissaire de police en « manager de service » : nouveaux rôles et repositionnements identitaires aux débuts du XXIe siècle », *in* Jean-Marie Berlière *et al.* (dir.), *Métiers de police. Être policier en Europe, XVIIIe-XXe siècle*, Presses universitaires de Rennes, 2008, p. 287-299.

Directeur départemental de la sécurité publique du Val d'Oise titrée « le management est une question centrale dans notre métier » et recommandant de « se manager soi-même »[50].

Dans le même temps, sur le terrain, les agents doivent faire preuve d'autonomie et d'esprit de décision, en situation d'urgence ou d'incertitude. Le conflit entre l'autoritarisme de la chaîne hiérarchique et la nécessaire latitude des acteurs au quotidien constitue une injonction contradictoire, source de tensions professionnelles. Comment ne pas relier cela au malaise des policiers et, dans le pire des cas, aux suicides qui frappent massivement la corporation ? Les auteurs d'une enquête sur ce sujet l'énoncent brutalement : « c'est multifactoriel, mais pas une fois on ne remet en cause le fonctionnement intrinsèque de la police avec une hiérarchie et un management qui a été piqué aux pires entreprises privées et adapté pour entrer dans l'entonnoir policier. (…) Pas une fois on ne s'attaque à ces problèmes de management, de prime au résultat, de pression qui est mise sur les fonctionnaires de base[51] ».

Aussi cinglant soit-il, le titre du rapport de la Cour des comptes de novembre 2021 avait le mérite de dire les choses clairement : « la gestion des ressources humaines [est] au cœur des difficultés de la Police nationale ».

Avec la gendarmerie, coopération ou compétition ?

Déjà relativement ancien (2009, *cf.* chapitre précédent), le rapprochement avec la gendarmerie aurait dû largement porter ses fruits. Or, si des effets bénéfiques existent effectivement (comme la mutualisation partielle des achats ou le partage de fichiers et d'informations), certains travers se sont révélés. En premier lieu, la mise sous une tutelle commune a entraîné une forme de concurrence tacite, accentuant la course à l'efficacité chiffrée déjà enclenchée par le *New public management*. Chacun cherche à valoriser sa performance à l'aide d'indicateurs idoines ou, plus sournoisement, à discréditer celle du « partenaire » en

---

[50] https://www.ensp.interieur.gouv.fr/Actualites/Le-management-est-une-question-centrale-dans-notre-metier.

[51] Marc La Mola, Laure Garcia, *Je suis flic et ce soir je vais me suicider*, Ring, 2022. Interview dans *Aujourd'hui en France*, 27 janvier 2023.

minorant ses réussites ou en les imputant aux biais inhérents à la mesure de la délinquance ou de la résolution des crimes et délits, notoirement complexe et difficile à interpréter.

Deuxième frein à une coopération réussie, les zones affectées aux deux forces sont difficiles à faire évoluer alors que plus de cohérence est souhaitable face aux évolutions démographiques et urbanistiques. Cet immobilisme tient aussi bien aux emprises physiques (casernes, commissariats) qu'aux pressions internes (syndicats) et externes (élus locaux). Les propositions ne manquent pas, comme celles du *Livre blanc de la sécurité intérieure*[52], sans effet décisif à ce stade. Cet aspect territorial se complique avec l'émergence des polices municipales – 70 % des communes en zone police en disposent – qui assument un rôle variable (d'une petite partie à la totalité des missions de sécurité publique), rendant difficile une politique homogène.

Au quotidien, la « coopétition » semble plutôt de mise, comme en témoignent les déboires récents sur les logiciels de rédaction des procédures ou la lutte d'influence pour dominer la lutte contre la cybercriminalité[53].

La pénitentiaire, une force de sécurité à ne pas jeter aux oubliettes

Troisième force de sécurité intérieure nationale par ses effectifs, l'administration pénitentiaire compte 43 000 agents dont 30 000 personnels de surveillance et 5 000 personnels d'insertion et de probation. Cette dichotomie illustre sa double mission : surveiller les personnes en détention et prévenir leur récidive. Elle se retrouve d'ailleurs dans les deux grands ensembles de structures qui relèvent de son autorité. On distingue en effet les établissements pénitentiaires (188 « prisons », pour l'essentiel des maisons d'arrêt (86) et des maisons centrales pour des condamnés à une longue peine ou présentant des risques) et les « services pénitentiaires d'insertion et de probation » (Spip, 103

52 Ministère de l'intérieur, 2020, 332 p.

53 Jean-Marie Leclerc, « Police : le coûteux fiasco du logiciel Scribe », *Le Figaro*, 7 juillet 2022, p. 9 ; Antoine Albertini, « Guerre des polices dans le cyberespace », *Le Monde*, 22 janvier 2022, p. 15.

en tout). Ces derniers ont une compétence départementale et interviennent auprès des personnes incarcérées ou pour le suivi des mesures alternatives et des peines exécutées en milieu ouvert. En outre, comme la police et la gendarmerie, la « pénitentiaire » dispose d'une force d'intervention (depuis 2003) et de son propre établissement de formation (l'École nationale d'administration pénitentiaire, à Agen, Lot), dont est d'ailleurs issu son directeur actuel, Sébastien Cauwel, nommé en avril 2024.

La surpopulation carcérale est désormais tristement banale : en 2024, 76 258 personnes étaient incarcérées pour 61 737 places opérationnelles, soit un taux d'occupation de 123,5 %, d'après le ministère de la Justice (tutelle de l'administration pénitentiaire).

En plus de ce sujet et des traditionnelles et indémodables tentatives d'évasion, de nouveaux défis se présentent, des plus graves (prosélytisme et radicalisation internes, corruption par les narcotrafiquants[54]) aux plus technophiles (le recours à des drones pour ravitailler illégalement des détenus[55]) ou inattendus (la nécessaire adaptation aux individus transgenres[56]).

Face à ces difficultés et en dépit d'une revalorisation salariale en janvier 2024, la question du recrutement reste sensible pour une profession qui n'est pas ou peu une vocation. Différentes pistes ont été explorées (régionalisation des concours, primes de fidélité, etc.) mais qui ne compensent pas la véritable pierre d'achoppement que constitue le travail dans un milieu clos, violent et risqué, *a fortiori* très peu valorisé socialement.

S'il est aisé pour les dirigeants politiques de promettre des places en plus et de nouveaux bâtiments[57] (en dépit de la durée de réalisation de ces projets), trouver des surveillants en nombre suffisant devient une gageure.

---

[54] « Des gros profils du trafic de drogues libérés : un important réseau de corruption démantelé à la prison de Meaux », *Le Bien Public*, 21 décembre 2023.

[55] Abel Mestre, Thomas Saintourens, « Le fléau de la livraison par drone dans les prisons », *Le Monde*, 9 octobre 2023, p. 14.

[56] Nicolas Bastuck, « Un détenu transgenre fait condamner l'administration pénitentiaire », *Le Point*, 15 septembre 2023.

[57] Jacques Paugam, « Justice : sous la pression de LR, l'Assemblée vote 3 000 places de prison supplémentaires », *Les Échos*, 13 juillet 2023.

Plus présentes mais moins proches : le paradoxe des polices municipales

Pour les Appelous, l'été 2024 s'annonce serein : la mairie de Firminy (Loire) propose en effet le service « Tranquillité Vacances », une opération mise en place conjointement par la Police nationale et la police municipale. Pour l'adjoint en charge de la sécurité, ce partenariat est une évidence, d'autant que « ça rentre dans les prérogatives de la police municipale , les agents assurent aussi des patrouilles pédestres et ils ont une bonne connaissance de la ville »[58]*. Cette alliance des deux forces de sécurité intérieures semble aller de soi dans la ville de Le Corbusier. Mais est-ce le cas partout ? La proximité valorisée par l'édile local est-elle systématique ? Et quid de la coopération avec la police ou la gendarmerie ? Sur l'ensemble du territoire, le bilan de l'action des polices municipales semble plus nuancé.*

La police municipale, un retour par défaut ?

Légitimée comme « troisième force de sécurité » par le *Livre blanc de la sécurité intérieure*[59], la police municipale est devenue un enjeu d'intérêt national. Lors de la campagne présidentielle de 2022, la candidate d'extrême droite souhaitait la rendre obligatoire dans les communes de plus 10 000 habitants (alors que seulement 15 % en disposent) tandis que la gauche radicale proposait de la dissoudre dans une future police de proximité. Entre ces deux positions excessives, les programmes se distinguaient essentiellement sur la question de l'armement – à bannir pour la gauche ; à renforcer pour la droite – et semblaient avoir intégré ces effectifs locaux comme une réalité dont il faut désormais tenir compte.

---

[58] Carole Bouard, « Comment les polices nationale et municipale veillent sur votre domicile », *Le Progrès, Saint-Étienne-Ondaine,* 31 juillet 2024, p. 21.
[59] Ministère de l'intérieur, 2020, *op. cit.*

Une organisation qui a fait la preuve de son efficacité… au XIXᵉ siècle !

Perçue comme une rupture par rapport au modèle de police centralisée en vigueur en France depuis la Seconde Guerre mondiale, l'affirmation de la police municipale n'est pourtant pas sans précédent dans le pays. Longtemps, aux côtés de la gendarmerie et son quadrillage du territoire, ce sont des polices municipales qui avaient en charge les besoins de sécurité de la population. Les préjudices du quotidien étaient pris en charge par des agents locaux qui en connaissaient les parties concernées, l'historique et les enjeux. Ce modèle a fonctionné avec un certain succès pendant plus d'un siècle, remplacé en 1941 par une force unifiée, adaptée au maintien de l'ordre et à la protection de l'État.

Cette doctrine semblait vouée à la réussite. C'était sans compter les Trente glorieuses et la modification radicale du contexte social national qu'elles ont entrainé : exode urbain, arrivée massive de populations exogènes (décolonisation et immigration économique), anonymisation des relations sociales, augmentation des faits de délinquance (vols surtout, corrélés à la croissance économique). Conjugués, ces facteurs ont généré un sentiment d'insécurité et une demande de protection accrue[60].

Les citoyens réclamèrent une police plus présente et plus proche, soit, en termes politiques, plus visible. Un retour en arrière était-il envisageable, avec une réforme structurelle de la Police nationale et son renvoi vers les missions de prévention et de surveillance ? Pas si simple, du fait à la fois des résistances internes à l'institution considérant ces tâches comme peu nobles et de la politique de décentralisation lancée à partir du mitan des années 1980 et constamment accentuée, quelles que soient les couleurs politiques des gouvernements. L'idée que les missions de « police administrative » (papiers d'identité, objets trouvés, etc.), peu valorisantes et chronophages, soient déléguées aux communes apparut dès 1982[61]. Un transfert de compétences supposé accentuer la présence policière sur le terrain…

---

[60] Laurent Mucchielli, « L'évolution des polices municipales en France : une imitation des polices d'État vouée à l'échec ? », *Déviance et Société*, vol. 41, n° 2, 2017, p. 239-271.
[61] *Ibid.*

Des effectifs en croissance
inégalement répartis sur le territoire national

En 1984, on dénombrait en France 5 600 policiers municipaux ; ils sont 28 000 en 2024[62]. Une hausse de 400 % ! Aussi spectaculaire soit-il, cet essor doit être relativisé : d'une part, les effectifs demeurent 4 à 6 fois moindres que ceux, respectivement, de la gendarmerie ou de la Police nationale ; d'autre part, la sécurité privée les surclasse largement, les reléguant en 4e place.
Une autre caractéristique notable des unités de la police municipale est leur distribution très inégale sur le territoire hexagonal. En effet, dès le renouveau de cette force de sécurité dans les années 1980, des municipalités se sont démarquées par leur volontarisme. Peu de villes peuvent, comme l'a fait Montpellier (Hérault) en décembre 2022[63], rendre hommage à leur police en fêtant ses 40 ans ! Les 15 agents recrutés en octobre 1982 constituaient les prémices d'une force de 186 policiers, complétée par 45 agents de surveillance de la voie publique (ASVP).
Aujourd'hui, les villes ayant le plus de policiers municipaux sont évidemment les deux plus grandes, Paris (661, pour une force créée en 2021 seulement) et Marseille (Bouches-du-Rhône, 478). Mais celle-ci est talonnée par Nice (Alpes-Maritimes, 476), l'une des villes en pointe sur le sujet[64]. En nombre de policiers par habitants, Cannes (Alpes-Maritimes) mène la course loin en tête avec 2,6 policiers pour 1000 habitants. Cette domination Marseille-Cannes-Nice n'est guère surprenante : la région Provence-Alpes-Côte d'Azur se distingue nettement, loin devant toutes les autres. Plusieurs communes plus petites y ont d'ailleurs des effectifs importants, comme Aix-en-Provence (Bouches-du-Rhône, 122 agents[65]) ou Fréjus (Var, 70 policiers).

[62] Données de l'Inspection générale de l'administration.
[63] Fabien Arnaud, « Hommage solennel à la police municipale créée il y a 40 ans », *Midi Libre*, 2 décembre 2022.
[64] Données du Ministère de l'Intérieur et des Outre-Mer.
[65] Cas un peu particulier car la ville doit pallier les carences de la Police nationale dont les forces dans le département sont prioritairement affectées à la ville de Marseille, notoirement turbulente…

Une réponse au besoin d'une police de proximité ?

La demande d'une sécurité au quotidien plus présente a été entendue par la tutelle de la Police nationale, sans être suivie d'effets : « revendiqué, préconisé, affiché et prescrit depuis quinze ans, l'îlotage n'est pas, en pratique, mis en œuvre par la Police nationale »[66]. Les maires vont en prendre acte et commencer à développer leurs polices municipales pour jouer ce rôle de surveillance et de prévention dans les rues des villes délaissées par des forces de l'ordre dédiées à la répression, donnant des résultats plus faciles à valoriser. Dans ce contexte, des communes vont s'illustrer, comme Levallois-Perret (Hauts-de-Seine). Au plan national, les avancées en faveur d'un îlotage modernisé (« police de proximité » de 1997, « unités territoriales de quartier » en 2008, « police de sécurité du quotidien » en 2017) sont aussitôt ralenties[67], semblant donner raison aux maires qui ont pris l'initiative de s'affranchir de l'État pour protéger leurs administrés.

À Dinard, la municipale est une police du quotidien

Troisième force municipale de Bretagne après Rennes et Saint-Malo, la police de Dinard a été créée en 1995 pour améliorer le « bien vivre ensemble », avec une image bienveillante : « notre rôle, c'est d'être une police de proximité », selon son chef[68].
Et celui-ci de préciser que la connaissance du terrain de ses 18 agents permet de mieux renseigner la Police nationale, avec qui la collaboration est étroite et la complémentarité évidente. Car, concrètement, la police municipale traite les actes d'incivilités, de malveillance, tous ces petits évènements sous le radar des statistiques mais qui contribuent au sentiment d'insécurité.

---

[66] Dominique Montjardet, *Ce que fait la police. Sociologie de la force publique*, La Découverte, 1996, p. 224-225.

[67] Prononcée à Toulouse en 2003, la sentence de Nicolas Sarkozy, alors ministre de l'Intérieur, a marqué les esprits : « la police n'est pas là pour organiser des tournois sportifs, mais pour arrêter des délinquants, vous n'êtes pas des travailleurs sociaux ».

[68] Marie Lenglet, « La police municipale, entre sécurité et proximité », *Ouest-France, édition Saint-Malo*, 29 novembre 2022, p. 14.

Cette émancipation de certaines villes est perçue comme une fronde contre l'État, *a fortiori* par un ministre de l'Intérieur alors notoirement jacobin (Jean-Pierre Chevènement), ce qui explique que la première loi dédiée à ces nouvelles forces de sécurité (avril 1999) soit un texte de cadrage et non d'encouragement à la création de polices municipales[69]. D'autres textes (notamment en 2001, 2003 et 2014) vont préciser les compétences des agents mais aussi leur niveau de recrutement et les modalités de leur formation (d'une durée de 6 mois et complétée par une formation préalable à l'armement) ou leur cadre d'emploi au sein de la fonction publique territoriale. Les policiers municipaux prêtent serment devant le tribunal d'instance et disposent d'un code déontologie. Depuis un arrêté de 2014, afin de proscrire toute confusion avec les deux forces de sécurité d'État, les uniformes des polices municipales et la signalétique de leurs véhicules sont harmonisés, homogénéisant de fait ce corps territorial.

S'adaptant à une spécificité française – un très grand nombre de communes, de taille petite, voire très petite –, le code général des collectivités territoriales prévoit désormais la possibilité de polices municipales intercommunales. À titre d'illustration, au Pays basque, 6 communes – Ainhoa, Arbonne, Ascain, Espelette, Saint-Pée-sur-Nivelle et Sare (Pyrénées-Atlantiques) – ont mis en place, depuis juin 2022, une mutualisation du service de police municipale. Les missions sont habituelles : sécurité (notamment pour prévenir vols et cambriolages), salubrité, tranquillité publique, application des arrêtés municipaux, régulation de la circulation routière… Sauf que, pour les villes et villages concernés, sans ce partage de moyens humains et matériels, cela ne pourrait se faire alors que les besoins sont réels, surtout en période estivale, où les incivilités se multiplient sans forcément relever de l'agenda de la Police nationale (chiens non tenus en laisse, stationnement abusif, etc.)[70].

---

[69] Christian Mouhanna, « De l'échec de la police nationale à l'avènement incertain des polices municipales », *Archives de politique criminelle*, vol. 33, n° 1, 2011, p. 99-112.

[70] Fabien Jans, « Six mairies font police municipale commune », *Sud-Ouest*, 28 novembre 2022, p. 25.

Une force gagnée par la contagion sécuritaire ?

Depuis vingt ans, le débat semble presque tranché : la Police nationale s'occupe du maintien de l'ordre, des enquêtes judiciaires et de la répression ; la police municipale assume des missions de proximité. En théorie, c'est la suite logique d'une série de délégation de tâches de la Police nationale vers des tiers : le secours aux blessés (pompiers), le transfert de détenus (pénitentiaire), la réalisation des papiers d'identité (préfectures et communes) ou la protection aux sorties d'écoles (communes, *via* leurs agents de surveillance de la voie publique).

L'aspect social – contact avec la population, relation avec les associations, connaissance des quartiers, dialogue avec les habitants – est supposé être au cœur des attributions de la police municipale, créant ainsi une réelle complémentarité avec les forces de l'ordre de l'État, requises pour donner suite aux éventuels délits et transmission au parquet.

La coopération policière pour un continuum de sécurité

Si, à leurs débuts, les polices municipales étaient considérées avec une certaine morgue par les forces de l'ordre, leur montée en puissance et la structuration réglementaire de ce corps ont mis fin à cette condescendance. Rendues obligatoires pour tous les services de police municipale comptant plus de 3 agents, les « conventions de coordination » formalisent désormais la coopération entre les communes et les forces de l'ordre.

L'heure semble donc être au partenariat pour – et c'est un terme à la mode, bien que mal défini[71] – une « coproduction » de la sécurité. Le nombre d'opérations communes augmente, certains moyens sont mutualisés (les hôtels de police partagés sont fréquents), les échanges d'informations deviennent la règle, d'autant plus avec l'essor de la vidéosurveillance, dont les images sont produites et gérées par les services des maires. Lancés en 2019 par l'État dans le cadre de la « police de sécurité du quotidien », les groupes de partenariat opérationnel (GPO) matérialisent cette volonté d'inscrire ces bonnes pratiques dans

[71] Nathalie Perrier, « La coopération policière à l'épreuve du terrain », *La Gazette des communes*, 14 novembre 2022.

la durée, avec un bilan plutôt positif du point de vue des parties concernées.

À Paris, un déploiement bridé par l'amateurisme de la municipalité

Maire de Paris de 2001 à 2014, Bertrand Delanoë était farouchement opposé à ce que la capitale se dote d'une police municipale, la Préfecture de Police coordonnant efficacement l'ensemble des forces de l'ordre à Paris. Devenue maire à son tour, son ancienne première adjointe, Anne Hidalgo, va choisir l'option inverse et, en octobre 2021, les 154 premiers policiers municipaux ont pris leurs fonctions, avec l'ambition d'atteindre 3 400 agents en 2026[72].

Les sourires officiels cachent mal une certaine désillusion. D'une part, les débuts ont été chaotiques, avec d'innombrables débats et des tractations politiques qui ont laissé un goût amer. D'autre part, le recrutement pose des difficultés que la ville peine à masquer : ainsi, un an après, on comptait seulement 555 policiers pour un objectif de 750[73]. Deux ans après, 1 300 sont en poste, rendant illusoire le projet initial. Les facteurs qui refroidissent les ardeurs des candidats sont multiples : absence d'arme létale, contraintes horaires rédhibitoires, rémunération plus faible qu'ailleurs, missions imprécises et peu valorisantes (lutte contre les dépôts d'encombrants, stationnement). Le prestige d'une affectation à Paris a été largement surestimé. Plus grave, la Direction de la police municipale constate que ses recrues quittent la capitale pour rejoindre les villes de la petite couronne. Mal conçue dès le départ, la mise en place de cette police municipale a déçu jusqu'au sein de la majorité où la défense de l'adjoint en charge de la sécurité ne fait pas illusion. Prétendre que « le problème est national » ne trompe guère, surtout quand le personnel formé à Paris est embauché en banlieue…

[72] Denis Cosnard, « À Paris, la police municipale prend corps », *Le Monde*, 18 octobre 2021, p. 11.

[73] Marie-Anne Gairaud, « Police municipale : un an après, des débuts bien poussifs », *Le Parisien, cahier Grand Parisien*, 18 octobre 2022, p. VI.

La pluralité des polices municipales est une réalité

Parmi les limites à la pleine réalisation du continuum de sécurité, les experts dénoncent le caractère bien peu contraignant des conventions de coordination où, entre autres, ne figure pas d'engagement de résultats[74]. Ils constatent également que la qualité de la coopération dépend essentiellement des relations interindividuelles : « tout repose sur des rapports humains et la volonté de travailler ensemble. Il suffit parfois d'un changement de direction à la tête de la gendarmerie, de la Police nationale ou de la municipale pour qu'il faille tout reconstruire ou presque »[75]. Et, dans un partenariat, rien n'empêche l'un des participants de dominer l'autre, de le reléguer à un rôle supplétif ou de s'en servir comme variable d'ajustement en cas de coup dur ou pour améliorer la performance statistique d'un commissariat[76].

Mais la plus grosse faille dans cette ambition d'une sécurité co-construite entre polices municipales et forces d'État est le caractère foncièrement disparate des équipes mises en place par les communes. Ces villes sont assez peu nombreuses et la présence ou l'absence d'une police municipale ne peut être rapprochée ni du degré de criminalité des communes (quel que soit l'indicateur retenu), ni de leur taille – Woippy (Moselle), compte une force depuis 2006 pour 13 000 habitants ; Créteil (Val-de-Marne) était toujours sans police municipale en 2023, malgré une population de 90 000 Cristoliens. L'implantation d'une police municipale est avant tout l'expression des choix politiques du maire[77], qui, grâce à un objet qui rassure les citoyens, veut rendre visible l'ordre public et incarner sa fermeté face à la menace de la montée de l'insécurité (François Grosdidier à Woippy). D'autres défendent une vision régalienne de la sécurité (Laurent Cathala à Créteil). Dans tous les cas,

[74] Anaïs Czernichow, Gildas Parmont, *Les enjeux locaux de sécurité : un partenariat inachevé entre l'État et les communes*, Terra Nova, 20 octobre 2022.

[75] Nathalie Perrier, « La coopération policière à l'épreuve du terrain », *La Gazette des communes*, 14 novembre 2022.

[76] Les individus interpellés par les municipaux sont comptabilisés dans les affaires élucidées par la Police nationale.

[77] Tanguy Le Goff, *Les Maires, nouveaux patrons de la sécurité ? Étude sur la réactivation d'un rôle politique*, Presses universitaires de Rennes, 2008.

difficile d'établir un continuum avec une ville sur deux sans risquer de créer des ruptures d'égalité entre citoyens et un morcellement du territoire, à l'américaine (l'action de la police y est parfois électoraliste, parfois liée à ses financements).

En outre, parmi les communes qui ont franchi le pas, toutes les polices ne bénéficient pas des mêmes équipements. Comme l'indique l'encadré précédent, la toute récente police municipale de Paris bénéficie d'un équipement *a minima* (bâton de défense, bombe lacrymogène, menottes et gilet pare-balles) à rapprocher de celui des effectifs de Cannes (Alpes-Maritimes) qui disposent de pistolets semi-automatiques Glock 17, de gilets pare-balles lourds et légers, de tonfa, de flashball, de caméras-piétons de type Go Pro, de herses et de postes de police mobiles. Cet écart de dotation devient un sujet de revendication, d'aucuns pointant que pour les criminels ou les terroristes, les agents municipaux sont des cibles au même titre que les forces de l'État. Tous ont en tête l'assassinat dans l'exercice de ses fonctions de Clarissa Jean-Philippe, policière municipale de Montrouge (Hauts-de-Seine), le 8 janvier 2015, par Amedy Coulibaly, auteur le lendemain de la prise d'otage du supermarché cacher de la porte de Vincennes, à Paris.

Plus de sécurité, moins de proximité ?

« L'armement était une vieille revendication des policiers municipaux, à la fois pour assurer une meilleure protection de la population mais aussi des agents eux-mêmes » explique le délégué syndical de la police municipale de Dijon lors du déploiement des armes à feu dans les équipes[78]. Mais peu après, il apporte un autre éclairage sur ce sujet : « C'était quelque chose qui faisait défaut à Dijon auparavant dans les offres d'emploi ». Et, en effet, sur un marché du recrutement en tension dans ce secteur, l'armement constitue un fort élément d'attractivité. La part des policiers municipaux équipés d'une arme à feu atteint maintenant 60 %, du fait notamment d'un assouplissement règlementaire en 2016, après l'attentat de la Promenade des Anglais, à Nice (Alpes-Maritimes).

---

[78] Nicolas Durdilly, « De jour comme de nuit, les policiers municipaux ont désormais des armes à feu », *Le Bien Public*, 30 juillet 2023, p. 9.

Ce mouvement vers une généralisation d'un équipement peu ou prou identique à celui de la gendarmerie ou de la Police nationale traduit, selon la sociologie Virginie Malochet, une incontestable « inflexion sécuritaire »[79]. L'arme à la ceinture réduit l'écart entre les différentes forces de sécurité aussi bien dans la perception qu'en a le public que dans leurs missions, de plus en plus similaires – les municipaux font souvent du maintien de l'ordre « par défaut » (alors qu'ils n'ont pas de compétence juridique pour cela) simplement parce qu'ils sont présents, dans l'attente des renforts de l'État. Pour Laurent Mucchielli, cette course à l'armement explique pourquoi « tant de polices municipales ne sont pas des polices de proximité »[80]. C'est d'ailleurs le grief des élus de l'opposition (EELV et LFI) lorsque le maire (PS) de Cergy (Val d'Oise) a instauré le port d'armes à feu pour la « brigade de tranquillité nocturne » de sa ville : « on ne souhaite pas que la police municipale se substitue peu à peu à la Police nationale ». Et lorsque le maire avance qu'il y a une vraie compétition entre les communes et qu'il faut savoir être « plus attractif que ses voisins » pour recruter, l'opposition de rétorquer « on connaît la pression des policiers municipaux, mais il ne faut pas céder »[81].

L'harmonisation des uniformes et des véhicules, la grille indiciaire nationale, la généralisation du port d'arme létale et l'émergence d'un marché de l'emploi significatif permettant des mobilités de carrières sont autant de facteurs qui contribuent *de facto* à éloigner les policiers municipaux des enjeux de la mairie qui les a recrutés et, plus encore, de l'élu local dont ils ne sentent plus aussi dépendants que par le passé. La personnalisation outrancière qu'a connu la ville de Levallois-Perret (Hauts-de-Seine) et qui conduisait à parler de « la police des Balkany[82] » semblerait invraisemblable aujourd'hui. Ainsi, lors de la revalorisation des carrières et de la grille indiciaire de novembre

---

[79] Antoine Albertini, « Les polices municipales glissent vers une inflexion sécuritaire », *Le Monde*, 5 novembre 2022, p. 12.

[80] « Pourquoi tant de polices municipales ne sont-elles pas des polices de proximité ? », *Après-demain*, vol. 54, n° 2, 2020, p. 18-20.

[81] Robin Richardot, « À Cergy, une brigade nocturne armée qui divise le conseil municipal », *Le Monde*, 5 novembre 2022, p. 12.

[82] En référence au maire élu en 1983, Patrick Balkany, et à sa femme, Isabelle.

2023, les réactions des représentants syndicaux se sont toutes positionnées du point de vue d'une force nationale, mettant en porte-à-faux certains élus locaux[83] : la grève de mécontentement de la police municipale de Strasbourg (Bas-Rhin) le jour d'ouverture du traditionnel marché de Noël[84] a conduit la maire à la soutenir alors même que son parti (EELV) est notoirement défavorable aux polices municipales et prône leur désarmement.

Ce grand écart entre doctrine nationale et réalités locales conduit soit à être accusé d'une « fuite en avant répressive » lorsque, comme le maire de Bordeaux (Gironde), on décide d'équiper d'armes à feu les effectifs municipaux[85], soit à être en délicate posture quand, face à des émeutes sans précédent, on interdit aux policiers municipaux de participer au maintien de l'ordre[86], au plus grand désarroi de la population et des policiers eux-mêmes, désormais disqualifiés pour agir sur le terrain dans leur ville de Lyon (Rhône). Comme en a témoigné un délégué syndical, un sentiment de honte a submergé son groupe opérationnel mobile qui n'a pas eu le droit de soutenir les forces de l'ordre « alors qu'il aurait pu intervenir en flagrant délit pour interpeller les pilleurs. Au lieu de ça, les agents de cette unité principalement amenée à intervenir dans des zones dites "sensibles" étaient "coincés derrière les grilles" de l'Hôtel de ville »[87].

Police et gendarmerie, un vivier pour les municipales ?

Confrontés à des conditions de travail éprouvantes et des règles d'évolution professionnelle jugées ingrates (régime d'affectation et de mutation) sans percevoir de récompense ni en

---

[83] Nathalie Perrier, « Police municipale : la revalorisation des carrières et de la grille indiciaire ne calme pas la grogne », *La Gazette des communes*, 27 novembre 2023

[84] Présentée comme la « capitale des marchés de Noël », la ville d'Alsace accueille plusieurs millions de visiteurs à cette occasion. En 2018, un attentat a causé 5 morts, marquant très fortement les esprits.

[85] Yann Causs, « Le maire EELV de Bordeaux prêt à fournir des armes létales à la police municipale ? », *Révolution permanente*, 4 juin 2024.

[86] Erwan Seznec et Bartolomé Simon, « Lyon : polémique sur le rôle de la police municipale pendant les émeutes », *Le Point*, 7 juillet 2023.

[87] Tatiana Vazquez, « Policiers municipaux bloqués à l'Hôtel de ville lors des émeutes : "On a honte" », *Le Progrès*, 5 juillet 2023

termes pécuniaires ni en termes de prestige social, de plus en plus de personnels de la police et de la gendarmerie sont tentés par un départ de leurs institutions. Or, si ce processus de reconversion peut mener à de nombreux métiers hors de la sphère sécuritaire (chauffeur de car, par exemple), on constate que les polices municipales ont un fort pouvoir d'attraction. Elles permettent en effet à des individus qui ont été gendarmes ou policiers par vocation pour servir et défendre leurs concitoyens de continuer ce travail mais avec un lieu d'exercice choisi (souvent un retour vers la région ou la ville d'origine), des horaires réguliers et moins de risque perçu. Ainsi reconverti, un ancien militaire témoigne en ces termes : « Quand tu es écœuré du système judiciaire et cherches à être toujours au service de la population sans avoir les contraintes de la gendarmerie telles que la mobilité géographique, les procédures judiciaires à rallonge et en plus des heures fixes, forcément si tu as l'opportunité en plus d'être dans un coin qui te plait, tu sautes sur l'occasion »[88].

Cette passerelle est vertueuse en apparence, même si elle conduit à déshabiller Pierre pour habiller Paul. Gendarmerie et Police nationale se passeraient sans doute d'une solution de repli aussi attractive pour leurs personnels en proie au doute ou à une insatisfaction en termes de parcours de carrière. Plus encore, ce procédé ne saurait être utilisé par des fonctionnaires en délicatesse avec leur institution initiale. C'est le cas de l'ancien major de la Police nationale de Creil (Oise), poursuivi pour « faux en écriture publique » (délit passible de 10 ans d'emprisonnement) et devenu chef de la police municipale de Nogent-sur-Oise, limitrophe, alors que son procès n'a pas encore eu lieu. Une solution qui, bien que validée par la justice, a été modérément appréciée dans les deux villes[89].

---

[88] Ltn Andréa Vital, *Dans quelle mesure la perte de vocation est-elle l'un des symptômes des reconversions et réorientations des militaires de la Gendarmerie nationale ?*, Mémoire de recherche appliquée, Master management des organisations, Upec-EOGN, 2022.

[89] Benjamin Derveaux et Simon Gourru, « Poursuivi en justice, l'ex-flic de Creil est embauché… à Nogent », *Le Parisien, Oise*, 23 décembre 2022, p. I.

Deuxième partie

L'essor protéiforme des forces privées

Des vigiles partout, tout le temps, pour tout : la manne de la sécurité privée

En matière de sécurité, les acteurs privés jouent en France de manière croissante un rôle crucial que ce soit dans les banques, dans les évènements publics, dans les hôpitaux, dans les transports, etc. Mieux à même de saisir la diversité des métiers sollicités pour assurer la quiétude au quotidien, la notion de « policing » est utilisée pour appréhender les activités de sécurisation et de surveillance qui visent à assurer la protection des biens, des personnes ainsi que le respect des lois[90]*. Englobant partiellement l'utilisation extensive du vocable français « police », elle se rapporte aux dispositifs mis en place pour préserver ce que d'aucuns appellent « l'ordre social », en sollicitant une multitude d'acteurs*[91]*.*

La filière de la sécurité en pleine mutation

Face aux demandes exponentielles de surveillance et de contrôle d'accès dans les aéroports, les centres commerciaux, les gares, les immeubles, les rues et tous les autres espaces ouverts au public, les forces privées – des entreprises dont le métier est la sécurité humaine – sont sollicitées pour répondre à des besoins de moins en moins couverts par les moyens publics. Ces acteurs composent un secteur dont les effectifs ont nettement augmenté en France. Aujourd'hui, les agents privés sont plus nombreux que les forces de l'État consacrée à la sécurité publique.

Bien qu'envisagé pour le moment seulement comme complémentaire au système de sécurité publique, le secteur privé

[90] Virginie Malochet, « La pluralisation du *policing* en France. Logiques d'hybridation, effets de tropisme et enjeux d'articulation », *Sciences & Actions Sociales*, vol. 16, n° 3, 2021, p. 53-67.

[91] Thierry Oblet, *Défendre la ville. La police, l'urbanisme et les habitants*, Presses universitaires de France, 2008.

est appelé à se développer davantage, ne serait-ce qu'en raison de la légitimité que lui octroie la puissance publique *via,* par exemple, son encadrement et son intégration dans la régulation de la sécurité[92]. Ce secteur est-il cependant en mesure de répondre aux attentes ? Dispose-t-il des capacités et des compétences pour assumer pleinement son rôle ? Comment peut-il éliminer ses faiblesses endémiques en matière de conditions statutaires, de formation et de rémunération ?

Des agents de sécurité armés, avec un cadre légal unifié pour l'ensemble des forces de l'ordre

L'armement des forces de sécurité privées a été sérieusement accru depuis 2017. La loi du 28 février 2017 relative à la sécurité publique renforce la sécurité juridique des interventions des forces de l'ordre, ainsi que la complémentarité entre celles-ci. Ainsi, l'usage des armes à feu est désormais régi par un cadre unifié applicable aux policiers et aux gendarmes ainsi qu'aux douaniers et militaires déployés dans le cadre de l'opération Sentinelle[93], par exemple. Après sommations, les forces de l'ordre peuvent ouvrir le feu dans des situations déterminées. Les policiers municipaux (*cf.* chapitre précédent) pourront faire également usage de leur arme en cas d'absolue nécessité et de manière strictement proportionnée, lorsque des atteintes à la vie ou à l'intégrité physique sont portées contre eux ou contre autrui ou lorsque des personnes armées menacent leur vie ou leur intégrité physique ou celles d'autrui…
S'agissant des agents de sécurité privée, la loi ouvre, de manière encadrée, la possibilité d'être armés quand les circonstances exposent ces agents, ou les personnes se trouvant dans les lieux surveillés, à un risque exceptionnel d'atteinte à leur vie. La désignation de ces lieux justifiant une telle surveillance armée

[92] Voir notamment : Frédéric Ocqueteau, *Polices entre État et marché*, Les Presses de Sciences-Po, 2004 ; Frédéric Ocqueteau et Daniel Warfman, *La sécurité privée en France*, Presses universitaires de France, 2011.

[93] Lancée après les attentats des 7, 8 et 9 janvier 2015, l'opération Sentinelle est un dispositif de l'Armée de terre visant à protéger les points sensibles pour faire face à la menace terroriste. Dans ce cadre, 10 000 soldats (dont 3 000 en réserve) sont mobilisés.

privée incombe au préfet. Pour compléter les dispositions du code de la sécurité intérieure (qui autorisent des enquêtes administratives lors du recrutement dans certains cas), la loi du 28 février 2017 relative à la sécurité publique instaure une procédure de licenciement en cas d'enquête défavorable.

Un secteur de main d'œuvre et aux prestations homogènes

Faisant face à des barrières à l'entrée faibles et à une différenciation[94] compliquée, le secteur connait essentiellement une concurrence par les prix. Comme l'activité est intense en travail[95], toute augmentation des frais de personnel se répercute mécaniquement sur les prix et, inversement, toute baisse des tarifs impacte la fiche de paie des effectifs, un prolétariat aux conditions de travail exigeantes (horaires, risques). Dès lors, les entreprises de ce secteur n'ont pas beaucoup de solutions, si ce n'est chercher l'optimisation des coûts chez le client. Bien entendu, elles s'évertuent également, vaille que vaille, à explorer quelques voies pour tenter de réduire cette dépendance à l'égard du prix, qui les rend très vulnérables.

Les entreprises de sécurité se diversifient ainsi vers des activités estimées à valeur ajoutée élevée (protection des expatriés, protection de sites industriels dans des zones dangereuses, etc.) ou à faible valeur ajoutée mais sources éventuelles de synergies (accueil, gestion de l'événementiel, etc.). Le recours à la technologie est également loin d'être négligeable, tant s'en faut, et permet d'améliorer à la fois le positionnement et la marge bénéficiaire – sans compter qu'il peut contribuer à pallier les effets de la pénurie de main d'œuvre. Cette technologie se traduit par la digitalisation de l'offre et par la proposition de solutions techniques supposées (ou présentées comme) innovantes. À titre d'illustration, la mise sur le marché

[94] La différenciation consiste à proposer une offre ayant des caractéristiques différentes de celle de la concurrence. Dans le cas présent, les prestations de sécurité sont extrêmement similaires et, de ce fait, facilement substituables par celles d'entreprises rivales.

[95] Notée Y = f(K,L), la fonction de production caractérisant les activités humaines repose sur deux facteurs : le capital (K) et le travail (L). Une activité est dite intensive en travail lorsqu'elle sollicite fortement ce facteur.

par l'entreprise Securitas du logiciel de gestion d'accès *smart@access* pour remplacer les badges, et de *verisur smart protection* utilisant l'intelligence artificielle pour perfectionner les processus de détection et de vérification, reflète l'arrivée de la technologie dans ce secteur. De manière plus insolite, l'entreprise tunisienne Enova Robotics s'est faite remarquer en proposant un robot capable d'intervenir à la demande, soit pour servir d'escorte dans des zones à risque, soit pour effectuer des rondes aléatoires ou détecter des anomalies sur un site donné[96].

Une domination anglo-saxonne boostée par les guerres

Au niveau mondial, le marché est dominé par les entreprises britanniques, canadiennes et états-uniennes. En 2021, la multinationale britannique G4S, alors leader mondial et présente dans 90 pays, a subi les assauts, *via* une offre publique d'achat, de son concurrent états-unien Allieduniversal, pour 4,5 milliards d'euros. Cette OPA a été concluante puisqu'elle a donné naissance à un véritable géant. Celui-ci cohabite avec les firmes états-uniennes Constellis (qui a racheté le groupe Blackwater, connu pour son rôle de supplétif de l'armée américaine en Afghanistan) et DynCorp, la Britannique Control Risks et la Canadienne Garda qui affichent, à elles trois, un chiffre d'affaires cumulé dépassant les 13 milliards d'euros, avec plus de 600.000 employés[97]. Cette domination anglo-saxonne résulterait de la guerre d'Irak en 2003, qui s'est traduite par l'octroi de marchés juteux aux entreprises ayant soutenu la coalition anglo-américaine (!).

En France, un marché encore fragmenté

Le marché français des services de sécurité privée est dominé par le groupe suédois Securitas, qui réalise 660 millions de chiffre d'affaires[98] dans l'Hexagone pour 15 000 employés et 11 000 clients séduits par son offre généraliste allant de la

---

[96] « Le Robot tunisien P-Guard à la conquête des marchés mondiaux », *African Manager*, 7 avril 2023.

[97] Anne Drif, « Soldats du CAC 40, le grand malaise français », *Les Échos*, 9 juillet 2019.

[98] Données 2021 issues de : Laurent Faibis (dir.), *Les services de sécurité*, Xerfi, octobre 2023.

surveillance humaine à la télésurveillance. Si l'on met de côté le Suisse Verisure, leader incontesté des alarmes connectées (pour particuliers et professionnels) avec 405 millions de chiffre d'affaires, les challengers de Securitas sont des entreprises familiales françaises : Samsic (242 millions pour la sécurité, Fiducial (275) et Onet (377). Leurs offres sont généralistes et complétées par des services de nettoyage industriel (Samsic, Onet) ou de l'expertise-comptable (Fiducial). En dépit du poids de ces acteurs et de leur notoriété, le secteur reste assez éparpillé, la France ne se classant qu'au 29e rang en Europe en termes de concentration (le Portugal étant le pays le plus concentré avec seulement 92 entreprises). Le Groupement des entreprises de sécurité compte ainsi en France 11 976 entreprises (dont 8 506 autoentrepreneurs), dont 30 % de l'activité est à destination des administrations publiques. Les effectifs avoisinent en 2022 les 208 258 salariés. Globalement, l'activité de ces entreprises se répartit entre la surveillance (74 %), la télésurveillance (14,7 %), l'intervention (14,2 %), la sécurité aérienne et aéroportuaire (3,8 %), l'installation de systèmes (2 %).

Un segment duopolistique : le transport de fonds

Le transport de fonds et d'actifs de valeurs – segment appelé « sécurité fiduciaire » – est dominé par l'entreprise états-unienne Brink's (321 millions d'euros de chiffre d'affaires en 2022) et la Suédoise Loomis (315 millions). Mais, conjuguée à la baisse du nombre d'agences bancaires, la diminution draconienne de l'utilisation des espèces les amène à chercher davantage la sédentarisation et à se diversifier dans la chaîne fiduciaire : exploitation de guichets automatiques (la gestion intégrée des distributeurs de billets représente aujourd'hui 50 % du chiffre d'affaires de Brink's), gestion et installation de distributeurs automatiques de billets dans les petites communes, reconversion des fonds (tri des billets avant remise éventuelle dans le circuit de la monnaie), gestion de trésorerie, stockage de billets pour le compte de la Banque de France dans les zones éparses[99].

[99] Laurent Faibis (dir.), *Les services de sécurité*, Xerfi, octobre 2023.

Mal payé et très contrôlé : un métier qui peine à recruter

Année après année et quels que soient les grands évènements qui ponctuent l'actualité nationale (Coupe du monde de rugby en 2023, Jeux olympiques et paralympiques en 2024), les titres de la presse demeurent identiques concernant la filière de la sécurité privée : « le défi des recrutements ». En 2024, on comptait 20 000 postes non pourvus dans le secteur (pour 180 000 agents en postes), sans compter les besoins ponctuels liés aux Jeux (22 000 agents)[100]. Pourquoi ce déficit structurel en termes d'effectifs ? Plusieurs facteurs jouent simultanément, au premier rang desquels la rémunération des vigiles. Le métier est jugé peu attractif – 85 % des agents sont payés au SMIC – avec des perspectives d'évolution assez faibles et une montée des risques et agressions envers les agents. Cela entraîne un très fort *turn over*, de l'ordre de 90 %, casse-tête des employeurs.

Cette difficulté à trouver des candidats pour les postes proposés est accentuée par les règles d'accès à la profession. Outre la justification d'un casier judiciaire vierge, les candidats sont soumis à une enquête de compétence et de moralité et doivent suivre une formation de 175 heures pour valider leur certificat de qualification professionnelle (CQP), ce qui permet l'obtention de la carte professionnelle d'agent de sécurité, délivrée par le Conseil national des activités privées de sécurité (Cnaps) pour cinq ans. La conservation de la carte d'agent passe par la satisfaction des obligations de formation continue. Ces règles ont encore accrues dans le cadre de la loi « Sécurité globale », qui rend obligatoires pour les candidats étrangers la maîtrise de la langue française et la nécessité d'avoir un titre de séjour en France de plus de cinq ans, ce qui supprime un nombre non négligeable de candidats potentiels[101]. Les syndicats s'en sont alarmés et ces barrières ont été quelque peu atténuées puisque les pouvoirs publics ont créé au printemps 2022 une carte professionnelle temporaire restreinte à la surveillance des grands événements (qui ne représentent que 4 % du marché…).

---

[100] Martine Robert, « Les entreprises de sécurité confrontées au défi des recrutements avant Paris 2024 », *Les Échos*, 22 septembre 2022, p. 20.

[101] Jacques Poncet, « Comment devenir… agent de sécurité », *Le Parisien, Cahier économie*, 4 janvier 2022, p. 12.

De son côté, le patronat français, souhaiterait un assouplissement des règles administratives par la création d'un nouveau métier – agent de contrôle et palpation – qui pourrait être exercé comme un job d'appoint. Une porte qui a été entr'ouverte en vue des Jeux, avec la proposition de doter des étudiants formés de façon idoine de la fameuse carte d'agent de sécurité événementielle temporaire, avec exclusivement ce type de missions[102].

Ces strates de règles tatillonnes créent des contraintes mais créent-elles une plus grande fiabilité de la profession ? Même ses représentants officiels en doutent, mettant à l'index les multiples possibilités de passer à travers les mailles du filet, au détriment de la sécurité (embauche de personnes en situation irrégulière) ou du droit du travail (cascade de sous-traitance, changement fictif d'employeur pour remettre à zéro l'ancienneté du salarié, heures supplémentaires excessives, etc.). Le fait que 90 % des demandes de cartes professionnelles soient validées laisse dubitatif quant à la rigueur des enquêtes sur les candidats[103]...

La féminisation, gisement illusoire de candidatures ?

Police, gendarmerie, armée sont aujourd'hui des institutions où les femmes jouent un rôle significatif, avec plus de 20 % des effectifs. Pourquoi en serait-il autrement des forces privées ? Le taux de féminisation a certes progressé (15 %) et est supérieur à la moyenne européenne (14 %) mais une marge de croissance est unanimement soulignée. Dès lors, les recruteurs redoublent d'énergie vers cette cible, avec des arguments variés, légitimes (la réglementation impose que les palpations soient réalisées par des personnes de même sexe) ou plus contestables, car renvoyant à des clichés de genre que rien de sérieux n'étaye (« les femmes sont plus diplomates[104] »). La création du BTS Management opérationnel de la sécurité, première formation post-bac de la filière, est un facteur d'accentuation potentielle de la féminisation du secteur.

---

102 Gwenaël Bourdon, « Les étudiants appelés à la rescousse pour filtrer les accès aux Jeux », *Le Parisien, Cahier Grand Paris*, 3 mars 2023 p. IX.

103 Florian Loisy, « Les sociétés privées de sécurité trop peu contrôlées », *Le Parisien, Cahier Grand Paris*, 30 juin 2022, p. VI.

104 « JO de Paris 2024 : Pôle emploi recrute 20 000 agents de sécurité, en priorité des femmes », *Midi-Libre*, 1er juin 2023.

Des défis (et des démons) à surmonter

La sécurité privée connaît une croissance incontestable. Les vigiles sont devenus des silhouettes du quotidien, signe sans doute un peu déprimant d'une société qui a besoin de protéger tout, même ce qui est *a priori* sans valeur : des locaux abritant des dons pour les plus pauvres sont dévalisés, des écoles maternelles saccagées pendant les vacances scolaires, des boîtes à livres sont pillées[105]… Les incivilités sont désormais fréquentes dans le commerce mais aussi dans des lieux qui devraient être préservés – établissements d'enseignement, hôpitaux. Enfin, la menace terroriste lancinante a tragiquement montré qu'elle peut frapper partout : entreprises, lieux de culte, salles de concert, supermarchés, terrasses de café…

Des besoins hétéroclites, jusque dans les musées

Face aux actions inédites, parfois insolites, des activistes écologiques – la sculpture du *Laocoon* dégradée au musée Pio-Clementino du Vatican, les *Tournesols* de Van Gogh aspergés de soupe à la tomate à la National Gallery à Londres, les *Meules* de Claude Monet recouvertes de purée au musée Barberini en Allemagne, crâne d'un activiste du collectif Just Stop Oil collé à *La jeune fille à la perle* de Vermeer au musée Mauritshuis, aux Pays-Bas, tandis que d'autres se collaient au cadre des *Pêchers en fleurs* de Van Gogh à la Courtauld Gallery de Londres, jet d'une tarte à la crème sur *La Joconde* au Louvre, etc. – les musées s'efforcent de trouver des solutions pour lutter contre ces opérations, difficilement prévisibles, coup de poing, controversées mais ô combien médiatisées. Le recours à la sécurité privée serait indispensable, seul moyen susceptible d'y faire face en conjuguant renforts ponctuels avec formation *ad hoc* et usage de la télésurveillance pour identifier les activistes en amont[106].

---

[105] Joan Le Goff, « Pillages de boîtes à livres : le don dévoré par la logique marchande », *The Conversation*, 11 juillet 2024.

[106] Sylvain Delage, « Fouilles, vigiles, vitres de protection… Comment les musées se protègent des activistes écologistes », *Ouest-France*, 12 novembre 2022.

Et que faire face aux émeutes ?

Suite aux différentes dégradations et pillages lors des émeutes en France (après la mort de Nahel Merzouk en 2023, *cf.* note 35), les commerçants et autres responsables d'enseignes ont dû recourir, là aussi, aux entreprises de sécurité privée pour se protéger, faisant ainsi exploser la demande. Car il ne s'agit pas juste de se protéger pendant l'émeute (alors que police et gendarmerie mènent des opérations de maintien de l'ordre) mais également de prévenir les pillages les jours suivants, après des bris de vitrines ou des devantures éventrées. Sofiane Aboubeker, président de l'Association des métiers de la sécurité (ADMS, deuxième organisation patronale de sécurité privée) et dirigeant de la société Arecia constate : « Des grandes surfaces aux petites boutiques, les demandes d'intervention abondent de toute part. Il n'y a pas une enseigne qui n'a pas renforcé son dispositif. Même de petites mairies (…) font appel à la sécurité privée. Et pas un recoin géographique de France n'est épargné. C'est cela, le phénomène nouveau par rapport à 2005, ce n'est pas uniquement certaines banlieues un peu sensibles et quartiers populaires. C'est partout »[107]. Il serait tentant (et rassurant) de considérer ces émeutes comme un phénomène exceptionnel, sans risque de nouvelle occurrence. Pour autant, peu de temps auparavant, les « manifestations » du mouvement des gilets jaunes (de novembre 2018 à mars 2019) avaient entraîné les mêmes conséquences pour les commerçants. Les analystes tablent sur la généralisation des phénomènes de violences urbaines de cette nature. Un marché que la profession n'avait pas forcément anticipé, en tout cas pas avec une telle ampleur.

Une obligation de coopération public-privé

La multiplicité des sujets de protection des biens et des personnes à l'échelle du pays et leur imbrication – des pillages après une catastrophe naturelle, par exemple – obligent à réfléchir aux modalités d'un travail coopératif non seulement entre forces de sécurité nationales et municipales (*cf.* première partie) mais également avec les entreprises du secteur privé. Dès

---

[107] Catherine Gasté, « La sécurité privée en renfort », *Le Parisien*, 2 juillet 2023, p. 7.

2018, le ministre de l'Intérieur imaginait déléguer un certain nombre de missions aux acteurs privés, initiative recevant un écho favorable au sein de la filière, qui souhaitait ouvertement pouvoir « accompagner l'État pour résister à toutes formes de menaces »[108]. Ses représentants n'hésitent pas à se projeter sur des nouveaux segments d'activité : transfert de détenus ou surveillance en milieu hospitalier, contrôle de vitesse, etc. Une privatisation rampante d'après leurs détracteurs, qui craignent une situation à l'américaine, avec des forces privées puissantes, armées et parfois trop autonomes. Concrètement, des rapprochements entre le public et le privé commencent à voir le jour dans le but d'améliorer la connaissance mutuelle des deux corps et de faciliter les échanges. Ainsi, gendarmes, policiers et agents privés du Tarn-et-Garonne (5 entreprises sur les 20 immatriculées dans le département) ont établi une convention de coopération, signée solennellement à la préfecture[109].

Les différents acteurs doivent cependant rester lucides car certains travaux ont montré que le partage des tâches sur le terrain est loin d'être neutre : ainsi, en analysant le contrôle de la délinquance dans une gare et un centre commercial, un sociologue a constaté que « les acteurs non étatiques (agents de sécurité, associations caritatives) remplissent des fonctions laissées vacantes par les policiers, comme la relation avec le public ou le recours à des politiques sociales. (…) La police se concentre sur des missions purement bureaucratiques, ce qui affecte sa légitimité »[110]. Un sujet plus complexe qu'il n'y paraît.

Quel risque d'une dérive mercenariale ?

Encadrées par le Conseil national des activités privées de sécurité (CNAPS), les entreprises privées de sécurité restent étonnamment sous-contrôlées. En ne prenant que le cas de l'Île-de-France, face aux 4 500 entreprises recensées (dont 2 900 auto-

---

[108] Claude Tarlet, « Sécurité privée : un enjeu de confiance », *Sécurité et stratégie*, vol. 29, n° 1, 2018, p. 42-45.

[109] « Montauban. Sécurité : public et privé signent un partenariat », *La Dépêche du Midi*, 24 novembre 2022.

[110] François Bonnet, « Les effets pervers du partage de la sécurité. Polices publiques et privées dans une gare et un centre commercial », *Sociologie du travail*, vol. 50, n° 4, octobre-décembre 2008.

entrepreneurs) et aux 80 000 professionnels (maîtres-chiens, vigiles...) établis dans la région, il y a seulement 13 agents chargés du contrôle, soit 450 contrôles environ[111]. Cela n'alarme par outre mesure les services de l'État qui considèrent que les entreprises de sécurité n'auraient rien à voir avec le mercenariat qui émerge ailleurs. Par le passé, ce dernier permettait à des individus, issus notamment de régions pauvres d'Europe, de louer leurs services à des pays autres que leur patrie d'origine. C'est ainsi que les Suisses offrirent leur savoir-faire militaire. Perçu comme quelqu'un de vénal et/ou traître à sa patrie, le mercenaire perturbe parce qu'il est trop visible, trop violent, trop rude. En même temps, le mercenaire a été utilisé par des pays faibles, parce qu'il assure la stabilité face à des entités nationales, susceptibles de se retourner contre les autorités[112]. Cela continue aujourd'hui avec Wagner, entreprise de mercenariat russe, qui opère dans un certain nombre de pays africains, perturbant le jeu géopolitique au détriment des pays occidentaux.

Des entreprises de sécurité pourraient-elles dériver vers le mercenariat ? Ces entreprises ne sont guère militaires. Bien que partageant de plus en plus le périmètre du pouvoir régalien, c'est-à-dire celui des forces de sécurité publiques, elles restent civiles tout en élargissant leur champ d'action – protection des expatriés, des sites industriels (en France ou à l'étranger), soutien logistique – offrant ainsi un service crucial mais ne pouvant plus être assuré directement par les États. Toutefois, ceci est censé fonctionner dans un environnement juridique contraint, les pouvoirs publics se méfiant de la concurrence en matière de sécurité, jaloux de leurs prérogatives, de leur légitimité et ayant à l'esprit l'intégrité du pays[113]. En outre, contrairement à la philosophie des forces publiques – pour qui la réussite serait l'absence totale de crimes et délits ! – l'augmentation de la délinquance et de la criminalité favorise clairement la croissance du secteur de la sécurité privée. D'aucuns estiment même qu'en Amérique du Sud, le marché de la sécurité créerait, pour se

---

[111] Florian Loisy, « Les sociétés privées de sécurité trop peu contrôlées », *Le Parisien, Cahier Grand Paris*, 30 juin 2022, p. VI.

[112] Qu'incarne typiquement le cas de Bob Denard (1929-2007).

[113] Jean-Baptiste Noé, « Les mercenaires, toujours décriés, toujours utilisés », *Wansquare*, 10 décembre 2022

maintenir, de l'insécurité… Tout cela ne doit pas empêcher l'État de demeurer vigilant, quelques faits divers ayant déjà embarrassé la profession, pour des soupçons de corruption ou de confusion des genres entre acteurs publics et structures dirigées par des « anciens » (de l'Armée, du Raid, etc.) et se prévalant de pouvoir obtenir des passe-droits, y compris pour armer leurs effectifs[114].

Un entrepreneur ambitieux et novateur

Avec ses 800 salariés et ses 20 millions de chiffre d'affaires, l'entreprise WeProtect Group est un acteur important de la sécurité privée en France. Son atout principal est sans nul doute son dirigeant-fondateur, le jeune entrepreneur marseillais Cyril Assentio[115]. Cet ancien boxeur regorge d'idées pour renouveler les prestations de sécurité, notamment en optimisant la télésurveillance pour des actions de protection humaine plus efficaces. En combinant la formation de personnes disponibles et mobiles (les chauffeurs de taxis, par exemple) et l'usage de nouvelles technologies (algorithmes et intelligence artificielle), il développe un système de protection active à partir d'une application, WeProtect TF. C'est une réponse efficace aux agressions ciblées qui se développent fortement, notamment à Paris et en région Provence-Alpes-Côte d'Azur. La pratique usuelle était jusqu'à lors le recours à une protection rapprochée, au coût exorbitant (100 000 € par mois, pour un service 24h/24). « Notre service permet de déployer des forces de protection actives et proactives en deux-roues », explique Cyril Assentio. « Notre algorithme croise constamment les positions de nos clients (de manière anonyme) avec les données que nous avons concernant les agressions afin que nos agents soient toujours à proximité »[116].

[114] Emmanuel Fansten *et al.*, « Sécurité privée et force publique : les influences troubles de Tibor Vass », *Libération*, 18 août 2023, p. 10-11.
[115] Barnabé Binctin, « Cyril Assentio, garde rapprochée pour tous », *Le Parisien Week-end*, 21 janvier 2022, p. 14-15.
[116] Dominique Busso, « WeProtect TF : une protection active en deux minutes à la pointe de la technologie », *Forbes*, 26 février 2023.

Les services de sécurité des entreprises : protéger le public à tout prix ?

Pressées par les autorités, les salariés et les usagers, des entreprises – publiques ou privées – s'engagent pleinement sur le terrain de la sécurité, tant pour satisfaire des obligations juridiques (la protection du personnel et la sécurité des sites) que pour répondre aux exigences de la politique commerciale, particulièrement en matière de qualité de service. Si le secteur du transport de voyageurs est le premier concerné, les autres secteurs confrontés aux problématiques d'accueil du public sont aussi touchés, comme l'organisation d'évènements sportifs ou culturels ou, de façon générale, toutes les activités qui doivent faire face à la présence de personnes pouvant provoquer des troubles : agences bancaires, cabinets médicaux, etc. Et, dans certains cas de tensions, on peut se demander s'il s'agit de protéger le public ou de s'en protéger...

Le défi sécuritaire du transport de passagers : SNCF et RATP en première ligne

Les avancées législatives initiées en particulier depuis la loi de novembre 2001 sur la sécurité quotidienne ont habitué les Français à la présence, aux côtés des forces publiques (gendarmerie, police, polices municipales), d'agents de sécurité appartenant à des entreprises de gardiennage (*cf.* chapitre précédent). Il est tentant de penser qu'auparavant, l'État avait le privilège – sinon le monopole – de l'exercice de cette fonction régalienne. Pourtant, historiquement, la sécurité privée connaît un précédent ancien et bien ancré dans le paysage national, avec la création dès 1846 de ce qui, au 1er janvier 1938, deviendra formellement la Surveillance générale de la SNCF (communément appelée la « Suge » ou « sureté ferroviaire ») lors de la fusion des différentes compagnies privées de chemin de fer exerçant dans l'Hexagone en une seule société nationale.

De la protection du fret au maintien de l'ordre : les métamorphoses de la Suge

À l'origine, ce service de sécurité interne procède des différentes polices spéciales mises en place par les opérateurs de transport ferroviaire pour lutter essentiellement contre les vols (de marchandises, de matériels et de bagages) et les délits spécifiques aux chemins de fer (trafics de titres de transport). En civil, les agents menaient des enquêtes discrètes pour démanteler des fraudes[117]. Mais les usages du transport ont changé, le contexte sociétal également et, au fil des réformes (1983, 1994, 2003, 2016), l'époque des planques et des fouilles de casiers de cheminots[118] a cédé la place à la prise en charge de la sureté des voyageurs et la lutte contre la délinquance.

L'inauguration du TGV en septembre 1981 et la mutation des gares, s'apparentant désormais à des galeries commerciales, ont incarné un changement d'époque et rendu nécessaire une transformation des missions de la Suge, qui devient un outil de protection des usagers dans une logique policière. Sa tutelle change, de la direction des transports à la direction juridique, et ses agents se voient dotés d'un uniforme. La sécurité est aussi affaire de visibilité… et une condition nécessaire pour la performance commerciale d'une entreprise de service soumise à concurrence multimodale. Dans un train, le client doit se sentir en sécurité (pas d'accident) et en sûreté (pas de vol). Le métier des agents de la Suge a radicalement changé, de même que leur rapport à leur employeur et leurs collègues.

Ces transformations ne portent pas uniquement sur le volet organisationnel puisque la surveillance générale de la SNCF est devenue un prestataire interne, avec des contrats de service et un catalogue, mais aussi externe, pouvant vendre ses services à d'autres acteurs, comme Trenitalia (Italie) ou Renfe (Espagne).

---

[117] Florent Castagnino, « Montrer du bleu : les mutations marchandes de la Surveillance Générale », *in* Hervé Champin (dir.), *La SNCF à l'épreuve du XXI*^e^ *siècle. Regards croisés sur le rail français,* Éditions du Croquant, 2021, p. 127-148.

[118] Comme pour la « démarque inconnue » dans la grande distribution, une part significative des vols de marchandises à la SNCF était le fait du personnel. Il en résulte une image longtemps négative de la Suge auprès des cheminots, qui la percevaient comme une « police des patrons », hostile par nature.

Une sécurité pour les citoyens ou pour les clients ?

Les 2 800 agents de la Suge disposent d'un pistolet et revêtent un uniforme de couleur bleu foncé. Administrés par une organisation territorialisée et un poste de commandement opérant 24 heures sur 24, ils sont assermentés, habilités à verbaliser les infractions et juridiquement chargés de « veiller à la sécurité des personnes et des biens, de protéger les agents de l'entreprise et son patrimoine et de veiller au bon fonctionnement du service »[119]. Leur formation est robuste (24 semaines à l'école nationale de la sûreté de la SNCF, suivie de sessions de formation continue obligatoires)

Quelles différences avec des gendarmes ou des policiers ? La première, récurrente dans le débat public, est celle de la légitimité des effectifs d'une entreprise à opérer des fouilles, des palpations voire des interpellations, le tout en étant armés (bombe lacrymogène, pistolet, tonfa...). Ce débat s'est accru lors de faits divers au cours desquels les agents de la SNCF se sont retrouvés en première ligne : l'attentat du Thalys en août 2015 et celui du parvis de Notre-Dame, à Paris, en juin 2017.

La seconde question problématique est celle des priorités de la Suge : la gestion des risques est-elle équitable (pour tous les citoyens) ou focalisée sur la protection d'une population spécifique (les usagers ou les clients) ? Quels comportements potentiellement délictueux sont visés ? Tous ? Ou en priorité ceux qui interfèrent avec l'activité commerciale de la SNCF ou des autres transporteurs clients de la Suge ? Les agents sont des salariés, soumis à une hiérarchie dont les priorités ne sont pas les mêmes que celles du ministre de l'Intérieur. Le contexte sécuritaire contemporain – menace terroriste endémique, pandémies, radicalisation des activistes de tous bords – a inscrit dans le paysage des gares et des trains ces agents, nécessité des temps présents. Mais ces sujets devront être tranchés.

Un décalque du Suge : la sécurité des transports urbains

En 1994, la Régie autonome des transports parisiens (RATP) a réuni ses différentes structures de police des transports (notamment sa « surveillance générale », née en 1945) au sein

---

[119] Article L 2251-1 du Code des transports.

d'une entité unique, le Groupe de protection et de sécurité des réseaux (GPSR). En 2024, plus de 1 000 agents se consacrent ainsi à la protection des biens et des personnes sur l'ensemble du réseau de surface et souterrain en Île-de-France (autobus, métros, RER, tramways). Ces personnels bénéficient d'une formation et d'un équipement identiques à leurs homologues de la SNCF (avec arme) et, comme eux, arborent un uniforme, estampillé « RATP sûreté » pour une visibilité supposée constituer un élément de dissuasion en soi.

Le GPSR travaille évidemment en collaboration avec la Suge, puisqu'une partie des infrastructures (gares, réseau) et des moyens de transport (RER) sont partagés entre la SNCF et la RATP. En outre, cette « coproduction » de sécurité est renforcée par le partenariat naturel avec la sous-direction régionale de police des transports (SDRPT), police régionale des transports spécifique au territoire francilien qui dispose en guise d'unité opérationnelle d'une brigade des réseaux ferrés (BRF) de près de 1 300 agents[120].

Une exception régionale :
la police des transports sur le réseau lillois

Filiale du groupe Kéolis, Ilévia exploite le réseau de transport en commun (autobus, métro, tramway et vélos en libre-service) de la métropole de Lille (Nord). Sa particularité : c'est, avec la RATP, le seul opérateur à disposer d'une unité interne de sécurité. Avec seulement 73 agents (non armés), l'entreprise mise essentiellement sur la dissuasion de l'uniforme. Le travail est coopératif avec la Police nationale mais la Suge lilloise est également renforcée par des agents extérieurs. Le PC mobilise les 4 600 caméras disponibles pour coordonner ses équipes.
Pour le directeur de la sécurité, si le réseau est perçu comme l'un des plus sûrs de France, c'est grâce à cette unité interne[121].

[120] Virginie Malochet et Tanguy Le Goff, *Étude sur la sécurisation des transports publics franciliens. Rapport de synthèse*, IAU Île-de-France, 2013.
[121] Patrick Seghi, « Transports : décryptage de la si discrète Unité interne de sécurité d'Ilévia », *La Voix du Nord, Lille Métropole*, 30 mai 2024, p. 8-9.

L'omniprésence des caméras pour la sécurité des transports

Qu'il s'agisse du réseau national (SNCF) ou de structures régionales (Ilévia, RATP, SNCF), les services de sécurité internes des transports s'appuient très largement sur le déploiement massif de la vidéosurveillance dans les gares et à bord des véhicules. La SNCF compte ainsi 12 000 caméras en gare et 24 000 embarquées[122] tandis que la RATP en dénombre 10 000 dans le métro et le RER et 20 000 dans les réseaux de surface (autobus et tramways)[123]. Les autres exploitants de réseaux de transport, quels que soient leurs statuts, ont mis en place des systèmes équivalents pour guider les interventions des agents privés auxquels ils ont recours[124].

Au-delà de la considérable progression quantitative du parc d'appareils de captation vidéo, les opérateurs s'intéressent également aux progrès technologiques. Ainsi, début mai 2024, la SNCF a mené des expérimentations sur la vidéosurveillance algorithmique (VSA) dans trois gares, à Paris (gare du Nord et gare de Lyon) et Marseille (Bouches-du-Rhône). Baptisé « Prevent PCP », ce programme vise à développer des solutions techniques pour détecter des objets abandonnés et en identifier les propriétaires. Ce test a mobilisé 257 caméras, officiellement sans usage de la biométrie – ce qui n'a pas empêché des recours devant la Commission nationale de l'informatique et des libertés (Cnil)[125]. La RATP a emboîté le pas de son homologue nationale en utilisant la même technologie : la Préfecture de Police de Paris l'a autorisée à employer la VSA afin de protéger les accès aux concerts de l'Américaine Taylor Swift à La Défense Arena du 9 au 12 mai 2024 (RER A et ligne 1 du métro)[126].

---

122 Recensement des caméras de vidéosurveillance, SNCF, 2017.

123 Recensement des caméras de vidéosurveillance, RATP, 2018.

124 Comme pour la SNCF ou la RATP, les contrôleurs ne sont pas considérés comme des agents de sécurité : outre la vérification des titres de transport et la mise en œuvre éventuelle des dispositifs de sûreté à bord des trains, leur rôle est de renseigner les clients (ce sont des agents commerciaux), loin des missions de la police des transports (qu'ils sollicitent en cas de nécessité).

125 Julien Lausson, « Les expérimentations de la SNCF avec la vidéosurveillance algorithmique ne passent pas. La VSA déraillera-t-elle ? », *Numerama*, 3 mai 2024.

126 « Vidéo surveillance algorithmique par la RATP lors des concerts de Taylor Swift à Paris », *La revue du digital*, 7 mai 2024.

Même les chiens-robots s'en mêlent

Pour sécuriser ses infrastructures et ménager ses salariés, la RATP utilise désormais un chien-robot – Perceval – dont la mission majeure est l'assistance des équipes de maintenance. Ce robot à quatre pattes peut se rendre à la place des humains à des points difficiles d'accès (bas de plafond, longueur excessive, etc.) pour vérifier l'état des 340 000 ouvrages du réseau et identifier d'éventuelles fragilités (éclat de béton, fissures, fuites, température, vieillissement, etc.). Soulageant les équipes, qui assurent ainsi leur mission à distance, il est muni d'une caméra 360° pour photographier et constituer des fichiers de problèmes types, d'une caméra interne pour le téléguider et d'antennes pour optimiser son signal radio. Acquis auprès de la *start-up* nantaise Intuitive Robots, il a été conçu par l'Américain Boston Dynamics, spécialiste de robotique à usage minier et militaire[127]. D'aucuns voient dans cette innovation séduisante un cheval de Troie pour glisser subrepticement vers une sécurité assistée par des robots… L'exemple des drones utilisés par la SNCF pour éviter les accidents – comme lors du festival Millésime à La Réole (Gironde), où ils ont été employés pour s'assurer que les milliers de fans de musique électronique ne traversent pas les voies – est présent à l'esprit des opposants à une surveillance généralisée et automatisée : ces appareils volants servent aussi à inspecter le réseau et, donc, à mener des missions de police contre les dégradations ou le vol de matériel[128]. Dans un contexte où les agents des polices ferroviaires (intégrées ou non) réclament plus de pouvoir, pour pouvoir agir de la même façon que les forces de l'ordre et sans devoir les solliciter[129], ces outils automatisés autorisent effectivement des interprétations sécuritaires pas forcément infondées.

[127] Nina Mir, « La RATP sort son chien-robot, Perceval, afin de sécuriser ses ouvrages », *20 Minutes*, 15 juin 2022.

[128] Arnaud Dejeans, « Ils surveillent les voies ferrées depuis le ciel », *Sud-Ouest*, 17 juin 2023, p. 13.

[129] Marine Legrand, « Les agents SNCF réclament davantage de pouvoirs », *Le Parisien, Grand Paris*, 6 mai 2022, p. IX.

De plus en plus d'entreprises confrontées à la question de la sécurité du public et des salariés

Le cas particulier du transport ferroviaire national ou régional et de sa police dédiée ne doit pas dissimuler les problématiques propres aux autres modes de transport.

Du fait des menaces terroristes qui se sont concrétisées par une vague de détournements d'avions à la fin des années 1960 et au début des années 1970 et à plusieurs attentats dans des aéroports (notamment à Orly en 1978 et 1983), le transport aérien est soumis à des règles de sécurité et de sûreté draconiennes[130], avec des intervenants multiples (déjà évoqués dans les chapitres précédents) : la police aux frontières (PAF, direction spécialisée de la Police nationale), la gendarmerie du transport aérien (GTA), les Douanes, les gestionnaires d'aéroports eux-mêmes et d'innombrables prestataires de services de gardiennage (dont la sûreté aéroportuaire et aérienne représente 4 % du marché). L'ensemble forme un nœud dont la complexité a été déplorée jusque dans un rapport sénatorial[131]. Cependant, en termes d'analyse économique, les problématiques sont classiques, même si le financement de ces missions, assuré par la taxe d'aéroport, payée par les passagers, tend à devenir insuffisant.

Mais d'autres modes séduisent, avec d'autres risques…

La croisière doit s'amuser malgré tout

Les croisières constituent un marché aux revenus substantiels et le marché français est important et connait une croissance loin d'être négligeable (6 % de hausse en 2023, avec 575 000 passagers[132]). Comme toute activité touristique, la santé de ce marché est dépendante de la sécurité, réelle ou ressentie, offerte

---

[130] La sûreté aéroportuaire ou aérienne vise la protection des passagers, des équipages, du personnel au sol, des avions et des installations contre les actes illicites commis au sol ou en vol (de la prise d'otage au vol de bagages) ; la sécurité concerne le risque aérien et ses dimensions techniques.

[131] Vincent Capo-Canellas, *Rapport d'information fait au nom de la commission des finances sur le financement et l'efficacité de la sûreté du transport aérien*, juin 2018.

[132] Linda Lainé, « Comment se porte la croisière sur le marché français ? », *L'Écho touristique*, 15 mai 2024.

aux clients. Dès lors, la protection des biens et des individus, contre toute sorte d'actes hostiles – qui ne cessent pas en mer, tant s'en faut – est primordiale. En effet, les bateaux de passagers, qu'ils soient des navires de croisière ou des ferrys, constituent des cibles adéquates pour tout type de criminalité, y incluant bien évidemment le terrorisme, pouvant se traduire par des détournements ou des tueries de masse. Plus prosaïquement, ces bateaux multiplient les escales, parfois dans des lieux moins surveillés (pays pauvres ou villes de petites tailles, avec une activité très saisonnière) et transportent une population plus vulnérable (l'âge moyen des croisiéristes frôle la cinquantaine).

Plusieurs dispositifs juridiques encadrent la sécurité de la navigation maritime (Convention de Montego Bay, Convention de Rome, Code international pour la sûreté des navires et des installations, Droit de l'Union européenne relatif à l'établissement de plans de sûreté et à la fonction d'agents de sûreté portuaire) et se conjuguent avec les moyens civils et militaires (armée, gendarmerie, police, diverses administrations, etc.) mis en place par l'État français pour assurer la sécurité des navires dans et au-delà des eaux territoriales. Ces moyens sont renforcés depuis 2014 par le recours au privé, faisant ainsi supporter le coût de la sécurité et de la protection aux opérateurs. Les acteurs privés sont ainsi présents dans les ports, notamment les grands ports maritimes (sur le modèle des aéroports)[133].

Cette sous-traitance s'est traduite par l'acceptation d'agents privés armés à bord des bateaux marchands, ayant un pavillon français, dans les zones propices aux actes de piraterie. Elle a ensuite été étendue, pour permettre l'embarquement d'agents privés sur des navires de passagers pouvant faire l'objet de menaces. Des agents privés armés peuvent par ailleurs être sollicités dans les ports en cas de risque exceptionnel pour les passagers ou les employés. Ce recours reste cependant limité puisqu'en dépit des pressions des armateurs et des compagnies d'assurance, les équipes privées embarquées, notamment sur les

[133] Cela étant, les entreprises privées sont présentes depuis longtemps dans l'univers de la sécurité maritime *via* par exemple la Société nationale de sauvetage en mer (SNSM, association reconnue d'utilité publique) ou encore des sociétés de remorquage (comme Les Abeilles).

ferries, restent sous la tutelle des équipes de protection des navires passagers (EPNAP), relevant de la gendarmerie. De surcroît, un encadrement très strict est imposé, du fait d'une réglementation draconienne : certification, connaissance du droit maritime, prééminence du capitaine de navire, etc.[134]

Faire ou faire faire la sécurité ?
Une problématique managériale classique

L'internalisation ou non de la fonction de sécurité par une entreprise (publique ou privée) ne relève pas d'un choix aléatoire. Dès 1975, l'Américain Oliver Williamson (1932-2020, prix Nobel en 2009), s'interrogeait sur la question de « faire » ou « faire faire » : quand, et sous quelles conditions, une firme doit-elle retenir l'un ou l'autre des termes de cette alternative ?
Pour cela, il a repris à son prédécesseur Ronald Coase le concept de coût de transaction, qui désigne l'ensemble des coûts provoqués par la relation d'échange, qu'ils apparaissent avant la formation du contrat (recherche, négociation) ou après (fonctionnement, contrôle, administration, etc.). Il a également identifié deux variables qui en font varier le montant : la fréquence des transactions (échanges occasionnels ou récurrents) et la spécificité des actifs (leur caractère redéployables ou non).
Finalement, Williamson propose une grille analytique qui permet de savoir s'il faut recourir au marché, internaliser la fonction ou adopter une solution hybride, par exemple adossée à un tiers de confiance[135].
Un vigile (gardiennage) n'est pas un actif spécifique et cela peut justifier de passer par un sous-traitant, en jouant sur les prix pour trouver le fournisseur adéquat. À l'inverse, un agent assermenté et formé pour la police des transports est plus spécifique, ce qui peut justifier un recrutement direct.

[134] Xavier Latour, « La protection des navires de passagers en France », *Sociétés*, vol. 158, n° 4, 2022, p. 157-165.
[135] Faouzi Bensebaa, « Oliver Williamson. De l'économie des coûts de transaction au « williamsonisme » », in Sandra Charreire-Petit, Isabelle Huault (dir.), *Les Grands Auteurs en Management*, EMS, 2017, p. 368-387.

Le cas insolite de l'habitat social

Parmi les entreprises tentées de mettre en place leur propre organisation au lieu de passer par le marché de la sécurité privée figurent les bailleurs sociaux. Profitant de la loi qui offre cette faculté (l'article L614-1 du Code de la sécurité intérieure), 12 d'entre eux (dont la Régie immobilière de la ville de Paris, RATP Habitat ou Emmaüs Habitat) ont ainsi créé en 2004 une structure commune pour surveiller leurs 165 000 logements : le Groupement parisien inter-bailleurs de surveillance (GPIS)[136]. Ses agents ont pour mission d'intervenir contre la délinquance et les occupations illicites des parties communes, de procéder à des rondes et de répondre aux appels des locataires. À l'instar de ceux des opérateurs de transport, les effectifs des bailleurs sociaux sont dotés d'un gilet pare-balle, d'un uniforme bleu, d'un bâton de défense et d'une bombe lacrymogène. Ils patrouillent la nuit dans les 500 résidences placées sous leur surveillance.

Leur statut les positionne entre le public et le privé : en effet, comme le GPIS est un groupement d'intérêt économique (GIE) ayant pour bailleur majoritaire un office public pour l'habitat et pour autres membres des entreprises sociales (privées) et des entreprises d'économie mixte, ces agents appartiennent à une structure hybride. De surcroît, tant sur le plan politique que financier, le GPIS est soutenu par la ville de Paris, faisant de lui un quasi-service municipal. Toutefois, au niveau juridique, son activité s'apparenterait à celle d'une entreprise de sécurité privée même si, dégagé de toute pression commerciale, le GPIS évolue hors du marché des entreprises de gardiennage. Sa dimension parapublique lui confère un rôle particulier, distinct de celui du commun des vigiles, avec une logique de fonctionnement qui imite plutôt celle des forces de l'ordre : « ni policiers, ni médiateurs, ni gardiens d'immeuble, ni même vigiles au sens classique du terme, les agents du GPIS se mobilisent sur un segment interstitiel qui leur est devenu propre : le maintien de la tranquillité résidentielle dans le parc d'habitat social » [137].

[136] Virginie Malochet, *Le Groupement parisien inter-bailleurs de surveillance (GPIS). Sociographie d'une exception parisienne*, IAU-ÎdF, 2015.
[137] Virginie Malochet, « Policer le parc social. Le Groupement parisien inter-bailleurs de surveillance (GPIS) », *Métropolitiques*, 17 octobre 2019.

Des armes à feu pour protéger Picsou

Depuis le décret n° 2017-1844 entré en vigueur en janvier 2018, l'autorisation du port d'arme pour les individus exerçant certaines activités de sécurité privée a été étendue, aussi bien pour les armes à feu (catégorie B), que les matraques et bombes lacrymogènes (catégorie D). Les vigiles exposés à des risques accrus (par exemple ceux qui « assurent la protection d'une personne exposée à des risques exceptionnels ») ou en service lors d'évènements hors normes bénéficient de cette permission.
Mais la loi autorisait déjà ce port d'arme pour certains sites sensibles : gares, grands ports maritimes, sites nucléaires d'Areva et… Disneyland Paris.
Trente après son inauguration, le parc d'attractions a accueilli 15 millions de visiteurs en 2023, ce qui en fait le site le plus fréquenté de France, loin devant le Louvre (10 millions), et justifie cette dérogation. Le parc emploie 17 700 personnes et, parmi ses agents de sécurité internes dotés d'une arme, on trouve essentiellement d'anciens militaires et policiers.

La sécurité des grands évènements sportifs, un sujet sensible

Les rencontres sportives, en particulier celles concernant des sports collectifs, sont souvent accompagnées de violences, pouvant aller des simples dégradations de biens aux affrontements entre supporters, voire à des accidents[138] ou des attentats[139]. Cette caractéristique pose un problème majeur de sécurité car il s'agit de troubles qui se déroulent en partie dans l'espace privé (salles, stades, etc.) et en partie dans l'espace public (rues et réseaux de transports[140]). Il faut donc une action coordonnée des différents acteurs concernés : forces de l'ordre, instances sportives, opérateurs des matchs, gestionnaires des

---

[138] L'effondrement d'une tribune du stade de Furiani (Haute-Corse) en 1992 lors d'un match entre Bastia et l'Olympique de Marseille a causé la mort de 18 personnes et a blessé 2 357 spectateurs.

[139] Comme le 13 novembre 2015 au Stade de France (Seine-Saint-Denis).

[140] Parfois très loin du lieu de l'événement : en mai 2024, avant un match prévu à Lille (Nord), des affrontements ont eu lieu entre supporters de l'Olympique Lyonnais et du PSG à un péage d'autoroute près d'Arras (Pas-de-Calais).

lieux d'accueil des manifestations sportives. La législation s'est fortement accrue au fil des ans, souvent suite à des faits divers tragiques : convention européenne de 1985 après le drame du stade du Heysel[141] (Bruxelles, Belgique), renforcée en 1993, 1994 et 2016 ; loi Alliot-Marie en 1993, après le lynchage télévisé d'un capitaine de CRS[142]. Promulguée en période d'attentats, la loi d'orientation à la sécurité publique de 1995 (dite « loi Pasqua ») oblige désormais les organisateurs de manifestations sportives à assurer et financer leur service d'ordre. Le partage des tâches s'est donc stabilisé : agents de sécurité privée à l'intérieur de l'enceinte ; forces de l'ordre à l'extérieur, avec des prestations facturées aux clubs (donc sujettes à négociation)[143].

Or, l'application de la réglementation et la mise en œuvre d'une sécurité effective sont pénalisées par deux éléments. Tout d'abord, le nombre de personnes présentes : il est matériellement impossible de fouiller de façon exhaustive plusieurs dizaines de milliers de spectateurs avec un horaire de début impératif (diffusion télévisée ou radiophonique de l'événement). Cela conduit à ne pas ralentir les flux entrants par des palpations trop poussées. Un compromis acceptable, tant que tout se passe bien… Par ailleurs, les intérêts des uns et des autres divergent fortement. Pour les dirigeants sportifs, les enjeux financiers sont considérables (droits de diffusion, places, produits dérivés) et la sécurité est envisagée exclusivement en termes de coût, ce qui les pousse à recourir aux prestataires les moins chers, avec du personnel peu expérimenté. À l'inverse, pour l'État, la sécurisation du public est prioritaire et est consubstantielle à l'organisation évènementielle.

Expérience-client contre protection des foules, c'est un vrai dialogue de sourds.

---

[141] 31 morts lors de la finale de Coupe d'Europe des Champions opposant les clubs de Liverpool et de la Juventus de Turin.

[142] Le 28 août 1993, lors d'un match PSG-Caen au Parc des Princes (Paris).

[143] Dominique Bodin, Soufiane Rahib, « La sécurisation et la sécurité des grands événements sportifs : des sujets politiques en débats constants et objets de débats constant », *in* Joan Le Goff *et al.* (dir.), *Une sécurité publique efficace et responsable ? La Gendarmerie nationale face aux défis sociétaux et managériaux,* EMS, 2024, p. 149-165.

Le voisin surveille le détective qui scrute le garde du corps… Les marges de la sécurité

Même si, dès le Moyen Âge, les colporteurs apportaient avec eux de ville en ville les nouvelles des crimes atroces, c'est l'essor de la presse populaire qui va devenir la boîte d'écho mirifique des assassinats, amenant la peur aux portes des maisons. La vague de terreur qu'inspira la bête du Gévaudan en est surement la première illustration[144]*. Au début du XX*^{e} *siècle, les faits divers alimentaient les colonnes des journaux, dont les fameux* L'œil de la police *(1908-1914) puis* Le nouveau Détective *(1928, toujours en vente). Aujourd'hui, les chaînes de télévision et réseaux sociaux ont pris le relais, avec un zèle admirable. Les meurtres sont partout, les malfaiteurs sont tapis dans l'ombre, l'insécurité généralisée. Dans ce monde paranoïaque, il faut être protégé et, si les forces de l'ordre y renoncent, s'en charger soi-même.*

L'œil du voisinage : chacun épie tout le monde (et inversement)

Dans un ouvrage de référence[145], Arnaud-Dominique Houte retrace l'évolution de la participation citoyenne aux fonctions de police. Il distingue plusieurs périodes. De la Révolution française à la Commune de Paris, alors que le système policier est encore instable, la mobilisation des citoyens est considérée comme un

---

[144] Cet animal (sans doute un, voire plusieurs loups) commit des agressions mortelles en Lozère entre 1764 et 1767. La presse (*Courrier d'Avignon*, *Gazette de France*, etc.) lui donna un écho national, suscitant une panique extrême au sein de la population.

[145] Arnaud-Dominique Houte, *Citoyens policiers. Une autre histoire de la sécurité publique en France, de la garde nationale aux voisins vigilants.* La Découverte, 2024. L'auteur est titulaire de la chaire HiGeSET (Histoire Gendarmerie Sécurité & Territoires) créée en juillet 2023 par le Centre recherche de l'École de la Gendarmerie nationale (CREOGN).

devoir civique ou, s'il s'agit de s'opposer aux révolutionnaires, comme un soutien à « l'ordre ». Avec la IIIe République, tandis que le pouvoir régalien se consolide, les « amateurs » n'ont plus vraiment de place à côté des « professionnels » de la sûreté. La fiction popularise la figure du quidam limier à ses heures perdues, voire du détective privé aussi sagace qu'intègre[146]. La reconfiguration des forces de l'ordre après mai 1968 (*cf.* première partie) entraîne une distribution de la sécurité de façon décentralisée (polices municipales) et vers le privé (vigiles). Après les « foules révolutionnaires formant leur propre police, gardes nationaux héroïques ou ventripotents, "amis de l'ordre" armés de gourdins, détectives amateurs de la Belle Époque, volontaires ou requis des temps de guerre, gardes civiques de la Libération, enfants enquêteurs des Trente Glorieuses, milices des années Giscard »[147], une brèche s'ouvre de nouveau pour un rôle de la population dans la production de sécurité.

La multiplication des voisins vigilants

Le panneau jaune vif annonçant des « voisins vigilants » (en majuscules) avec un œil ouvert en son centre[148] est devenu familier à tous les Français. Si cet avertissement qui marque l'entrée de certains villages ou de certains quartiers peut sembler moins rassurant qu'inquiétant, c'est délibéré : il est supposé dissuader d'éventuels malfaiteurs de s'attaquer aux biens ou aux personnes dans la zone concernée. Que signifie cette signalétique et à quel dispositif concret renvoie-t-elle ? Derrière ce qui semble une appellation générique se trouvent deux outils distincts.

En premier lieu, celui d'une entreprise qui trouve son origine en 2002 dans l'importation en France d'un concept états-unien, le « *neighbourhood watch* » (i.e. « surveillance du quartier »). Mis en place à Saint-Paul de Vence (Alpes-Maritimes) avec le soutien des élus locaux et des forces de l'ordre, le dispositif va se répandre de façon informelle avant d'être adossé à une start-

---

[146] Exemplairement, considérée comme la reine du roman policier, la Britannique Agatha Christie (1890-1976) mobilisa les deux figures dans ses romans, à travers les personnages de Miss Marple et d'Hercule Poirot.

[147] Arnaud-Dominique Houte, *op. cit.*

[148] Ironiquement, c'est le logo du journal de fait divers *L'œil de la police* (évoqué plus haut) qui est repris presqu'exactement sur ces panneaux.

up créée par Thierry Chicha et Sébastien Arabasz à partir de 2012. Ils structurent le fonctionnement autour d'une plateforme de communication avec messagerie, signalétique uniformisée et système d'alerte (entretemps, les smartphones se sont démocratisés et la France s'est équipée d'un réseau haut débit de qualité). L'expansion est rapide, avec une présence dans 50 villes et 100 000 foyers. Une application est lancée, tandis que la dénomination change, pour devenir « Voisins Vigilants et Solidaires », sans doute pour couper court aux polémiques sur une pratique jugée anxiogène voire potentiellement totalitaire. Une convention est signée avec la Police nationale en 2021. L'entreprise remporte des appels d'offre, comme celui de l'agglomération du pays de Montbéliard et ses 72 communes. Aujourd'hui, elle revendique 1 000 mairies partenaires et 4 millions de personnes couvertes[149]. Cette initiative lucrative semble sur un véritable parcours de réussite puisque le chiffre d'affaires est passé de 526 000 € en 2019 à 821 000 € en 2022, avec un résultat net de 271 000 € ! Une marge opérationnelle de 34 % : voilà qui ferait rêver les entreprises de gardiennage, laminées par une concurrence par les prix…

En parallèle, la même appellation « voisins vigilants » renvoie à un dispositif créé en 2011 par le ministre de l'Intérieur, qui le définit comme « une démarche partenariale et solidaire qui associe les élus et la population d'un quartier ou d'une commune à la protection de leur environnement »[150]. L'idée procède de la « coproduction de la sécurité » par la coopération entre les forces de l'ordre de l'État et la population. Cette « participation citoyenne » (selon les termes du ministre) est rigoureusement encadrée par la police ou la gendarmerie, ce qui figure d'ailleurs explicitement sur les panneaux de signalisation (avec la mention « en liaison avec » la gendarmerie ou la police, voire la police municipale). En 2019, une circulaire actualise le dispositif, adopté par près de 6 000 communes[151].

---

[149] Données de l'entreprise : https://www.voisinsvigilants.org/notre-histoire.

[150] Réponse du Ministère de l'intérieur, JO Sénat, 16 avril 2015, p. 887.

[151] Matthijs Gardenier, « La communauté au service de la surveillance : capital social, lien social et figure de l'ennemi », *Revue européenne des sciences sociales*, vol. 58, n° 2, 2020.

Sur le terrain, pédagogie et prévention

Le 26 septembre 2023, à Ouroux-sur-Saône (Saône-et-Loire), des administrés volontaires dans le cadre de la participation citoyenne instaurée par le ministère de l'intérieur se sont réunis autour du maire et des officiers de gendarmerie concernés (le commandant du groupement de Saint-Germain-du-Plain, et le chef d'escadron de Chalon-sur-Saône, responsable de sept unités). Apprécié de part et d'autres, l'échange a permis de pointer la baisse significative des interventions des forces de l'ordre dans la commune (-30 %) et le souhait partagé par les élus, les administrés et les gendarmes de disposer de plus de moyens de vidéoprotection (« car les dégradations sont souvent réalisées par des locaux »).
Le principe des voisins vigilants a été rappelé : « faire remonter l'information (un numéro de plaque, une photo) à la gendarmerie, ce qui est vu d'inhabituel. Il s'agit d'observer sans surveiller et de faire de la pédagogie auprès des voisins en leur rappelant les bonnes pratiques (ne pas partir avec une fenêtre ouverte), sensibiliser aux infractions économiques et financières (escroquerie, *phishing*, faire attention aux démarcheurs dont les tarifs sont souvent plus élevés qu'en magasin) ». Les gendarmes de conclure : « notre but n'est pas d'arrêter un maximum de voleurs, mais de faire en sorte qu'il n'y en ait pas »[152].

Un succès populaire ambigu

Dans un cas comme dans l'autre, le système repose sur l'implication des habitants des quartiers concernés. En effet, s'il faut évidemment faire preuve d'une attention au quotidien, il est également nécessaire d'animer la communauté, de rédiger et diffuser des messages, de se rendre disponible pour des réunions avec le maire ou les forces de l'ordre (le plus souvent, la Gendarmerie nationale). Le référent qui s'occupe de ces missions doit avoir du temps : il s'agit généralement de retraités. En outre, si ce n'est pas la solution publique gratuite qui est retenue (la

152 Marie-Émilie Mazeau, « Le dispositif "Voisins vigilants" permet de s'autoprotéger », *Le Journal de Saône-et-Loire*, 5 octobre 2023, p. 17.

« participation citoyenne »), le coût est loin d'être anecdotique : l'entreprise de Chicha et Arabasz facture chaque prestation (les panneaux par exemple valent jusqu'à 150 €) et collecte des données personnelles dont la valeur est indéniable (quel vendeur d'alarmes ou de vidéosurveillance ne serait pas intéressé ?).

La coexistence des deux systèmes, avec une signalétique quasiment similaire[153], crée une situation étrange de confusion entre une offre publique et un service commercial... né avant elle ! Paradoxalement, ni l'État ni l'entreprise privée ne cherchent à réduire cette ambiguïté, aussi bien auprès de la population que des élus locaux, ciblés par les entrepreneurs. Et établir le bilan de ces outils de « surveillance par la foule » est quasiment impossible : certes, aussi bien la tutelle ministérielle que l'entreprise évoquent une « baisse » des atteintes aux biens et des cambriolages, voire du « sentiment d'insécurité », mais l'une et l'autre expliquent prudemment que rien n'est mesurable ou ne saurait être imputé sans précaution au dispositif de participation citoyenne[154]. Pour autant, les communes adhèrent et la population semble séduite, notamment après des faits divers médiatisés : des tentatives d'enlèvements d'enfants auraient été évitées grâce à l'application de Voisins Vigilants et Solidaires à Mallemort (Bouches-du-Rhône) et à Mannevillette (Seine-Maritime)[155]. Si cela est avéré, qui s'en plaindrait ?

Les riches n'ont pas de voisins (mais ils ont de l'argent)

Face à la montée – réelle ou perçue – des risques criminels, la *jet society* n'est pas en reste. Néanmoins, difficile de compter sur des voisins vigilants ou sur la présence permanente des forces de l'ordre ; dès lors, il faut se rassurer par tous les moyens possibles. Que ce soit grâce à des bolides blindés, des abris haut de gamme ou des coffres-forts sophistiqués et/ou stylisés, la conjugaison de la paranoïa et de la peur – accidents nucléaires, conflits militaires, guerres civiles, pandémies, tremblements de terre,

---

[153] La couleur de l'iris du logo varie : bleu pour le service public, noir pour la prestation commerciale. Le fond jaune et le dessin de l'œil sont identiques.

[154] Thalia Creac'h, « Les deux visages de « voisins vigilants », le dispositif qui prétend faire baisser la délinquance », *Basta !*, 13 juillet 2021.

[155] Allison Blomme, « Le réseau qui a alerté sur les enfants "approchés" », *Paris Normandie*, 8 décembre 2023, p. 15.

tsunamis – pousse les grandes fortunes à chercher à tout prix à se protéger, de manière discrète et sans pour autant négliger le confort, faisant ainsi exploser le marché mondial de la sécurité privée.

Peter Thiel (cofondateur de Paypal) a voulu se faire construire à Queenstown Lake (Nouvelle-Zélande) un bunker souterrain de taille imposante. Ce projet a finalement avorté en raison du refus des autorités du district néozélandais mais le principe reste d'actualité chez les plus fortunés, au point que la rubrique « Maisons de rêve » du *Figaro* compte un classement des meilleurs bunkers[156]… Survivalisme et complotisme n'épargnent pas les plus riches ! De leur côté, Meta (maison mère de Facebook) et Amazon dépensent des sommes substantielles pour assurer la protection de leurs dirigeants-fondateurs.

Ces excès de précautions concernent également le *show-biz*. Que ce soit les acteurs, comme Sacha Baron Cohen, ou les rappeurs, comme Kanye West, la peur des agressions pousse à ne se déplacer qu'en voiture blindée personnalisée. « La demande aux États-Unis a été multipliée par huit en l'espace de trois ans » témoigne le fondateur d'International Armoring, firme connue pour son produit phare, Armormax, un composite permettant de blinder les voitures pour les protéger contre les balles et les explosifs légers[157]. Ces aménagements sont bien évidemment très chers et les clients anonymes. À ce souci des célébrités de se protéger elles et leurs proches, s'ajoute la volonté de défendre leurs biens contre la convoitise des tiers. Il faut dire que certains faits divers ont légitimement marqué les esprits, à l'instar du vol de 10 millions de dollars de bijoux de Kim Kardashian en octobre 2016 à Paris[158]. Dès lors, parmi d'autres équipements, le coffre-

---

[156] Oppidum ou Vivos sont des spécialistes de cette niche, en forte croissance. Ils proposent des bunkers individuels ou collectifs (jusqu'à 500 personnes), avec un haut niveau de prestations : bar, cinéma, piscine, salle de sport, etc. Les tarifs vont de 40 à 100 millions d'euros. Le Français Artemis vend des bunkers individuels d'entrée de gamme (7 m^2) à 150 000 € seulement.
Pour des exemples : https://proprietes.lefigaro.fr/actualite/top-5-des-bunkers-les-plus-luxueux-du-monde-90548588/

[157] Éric Bergerolle, « Rouler blindé en toute discrétion », *Challenges*, 6 juillet 2023, p. 214.

[158] Patricia Tourancheau, *Kim et les papys voleurs. Main basse sur les bijoux de la Kardashian*, Éditions du Seuil, 2024.

fort raffiné et doté des dernières technologies devient un must incontournable (*cf.* encadré). Sans tomber dans ces excès, les célébrités françaises, cibles potentielles de la criminalité en tout genre, ont également recours à la sécurité privée. Toutes savent que les affaires de *carjacking* (vol de voiture avec violence, subis par plusieurs stars du football) et de *homejacking* (cambriolage en présence des victimes) se multiplient, notamment en Île-de-France, même si elles sont rarement médiatisées. Sur ce point, le cas de Bernard Tapie et sa femme Dominique en avril 2021 fait exception mais, dans ce dossier atypique, la violence physique l'avait emporté sur le préjudice financier[159]. Le garde du corps devient un signe ostentatoire de richesse…

Si vous ne connaissez pas Buben & Zörweg,
c'est que vous n'êtes pas vraiment riche…

Buben & Zörweg est spécialisée dans la fabrication de coffres-forts, à la fois esthétiques et de haute sécurité, destinés à protéger de l'argent, certes, mais aussi des bijoux, des manuscrits ou des vins. Rompant avec l'image austère de ces équipements, cette entreprise autrichienne, installée au rez-de-chaussée d'une école primaire (*sic* !) à Ölbronn-Dürrn (Allemagne), a été pionnière en matière de coffres-forts de luxe, conjuguant modernité et raffinement, pour se fondre dans toute sorte d'intérieur. Les prix peuvent atteindre plusieurs millions d'euros et sont contingents à la nature de la commande des clients – acteurs, familles royales, hommes d'affaires, sportifs, etc. L'un d'entre eux a commandé un modèle de 70 m^2 pour sa collection de montres.
La PME est florissante. Trois compétences expliquent ce succès : l'ingénierie et le savoir-faire allemands, une technologie de pointe et un système breveté de tourne-montres (remontoirs pour mécanismes)[160].

[159] Caroline Piquet, Sébastien Morelli et Guénaële Calant, « "Ils ont été réveillés par des lampes dans la figure" : le violent *home-jacking* des époux Tapie », *Le Parisien*, 4 avril 2021.
[160] Esther Attias, « Des coffres-forts précieux à l'intérieur comme à l'extérieur », *Challenges*, 6 juillet 2023, p. 216.

Détective privé, un métier métamorphosé

Difficile d'imaginer un métier qui ait autant donné lieu à des représentations de fictions, que ce soit dans la littérature ou le cinéma, mais aussi les séries ou la bande dessinée. De l'archétypal Sherlock Holmes (héros de 4 romans et 56 nouvelles de Conan Doyle entre 1887 et 1927) au peu recommandable Guillaume Lecouvreur, dit « Le Poulpe », incarné par Jean-Pierre Darroussin dans le film homonyme de Guillaume Nicloux (1998), le « privé » est devenu une figure iconique, nourrissant des clichés que tout un chacun prend pour autant de vérités : un homme (souvent à femmes…), à la sagacité hors pair, aux méthodes peu orthodoxes voire franchement illégales, et à qui la violence est familière. C'est le cynique Jake Gittes incarné par Jack Nicholson dans le *Chinatown* de Roman Polanski (1974) ou le gouailleur Nestor Burma de Léo Malet (créé en 1943 et adapté en bande dessinée par Jacques Tardi, mais aussi au cinéma et à la télévision, incarné entre autres par Guy Marchand[161]).

On pourrait croire que la profession a disparu avec les femmes fatales, la dépénalisation de l'adultère (1975) et l'interdiction de fumer dans les lieux publics (2007). Il n'en est rien et, de façon inattendue pour les non-initiés, elle se porte plutôt bien, même si elle a profondément changé.

Le détective aujourd'hui : ni imper, ni impairs.

Sur son site Internet[162], l'agence de « conseils en enquêtes privées » Détective Belgique recense les plus grands clichés sur les détectives privés. Dans cette liste apparaît évidemment le « long manteau sombre ». Pourtant, l'agence insiste : pas d'imperméable nostalgique, un détective du XXIe siècle s'habille pour passer inaperçu, sans rien de flamboyant ou d'identifiable. Mais si un privé contemporain est vêtu comme tout le monde, est-il pour autant comme tout le monde ?

Depuis 2003, la réglementation impose d'être titulaire du baccalauréat, d'avoir un casier judiciaire vierge et de suivre une

---

[161] Né en 1937, l'acteur crooner est décédé en décembre 2023. Il avait incarné 39 fois le détective, de 1991 à 2003, avec une gouaille inégalée.

[162] https://www.detectivebelgique.be/top-5-cliches-detectives-prives/

formation professionnelle reconnue pour devenir enquêteur de droit privé. Il existe un certificat de qualification professionnelle (CQP d'enquêteur salarié) et un titre certifié (« détective, agent de recherches privées »). Des licences professionnelles sont dispensées à l'université (Paris-Panthéon-Assas et Nîmes). C'est le Conseil national des activités privées de sécurité (CNAPS, déjà évoqué dans le chapitre sur la sécurité privée) qui délivre les autorisations d'exercice en France (agrément de 5 ans, renouvelable sous condition de formation continue). Le code de déontologie est intégré au Code de la sécurité intérieure. La profession est incompatible avec d'autres métiers de la sécurité (gardiennage, protection rapprochée, transport de fonds) et ne peut être exercée par les anciens officiers de police ou de gendarmerie dans les 5 années qui suivent la fin de leurs fonctions (délai souvent réduit sur demande des intéressés). S'ils sont officiers de police judiciaire, ils peuvent obtenir directement un agrément du CNAPS afin de devenir détective privé dirigeant.

En dépit de quelques grosses agences (comme Codiv, à Paris), le secteur compte essentiellement des indépendants (environ un millier en activité) dont le quotidien a beaucoup évolué : moins d'affaires conjugales confiées par des particuliers, plus d'enquêtes économiques venant d'entreprises ou d'organismes publics. Les missions sont variées puisqu'aux côtés des preuves d'infidélité visant à minorer ou majorer des prestations de divorce, on trouve des recherches de personnes disparues, des enquêtes pour des fraudes, des vols en entreprise (entrepôts, magasins ou usines), des contrefaçons présumées ou encore la vérification d'antécédents avant une embauche. Certains se sont faits les spécialistes de la reprise des « *cold cases* », les affaires criminelles anciennes non résolues. Dans tous les cas, si une enquête officielle est en cours, le point de vigilance essentiel est de ne pas parasiter le travail des forces de l'ordre, peu friandes de cette assistance impromptue[163]. Sans surprise, les tarifs varient selon la durée de la mission et les frais qu'elle engendre[164].

[163] Vannick Berton, « Disparition, adultère, espionnage industriel… Dans le quotidien des détectives privés », *Le Bien Public*, 14 octobre 2023, p. 2-3.
[164] Pour des conseils pratiques : « Détective privé : missions, compétences et tarifs », *L'Usine Nouvelle*, 4 septembre 2023.

Une épidémie sans gravité sanitaire :
les faux arrêts maladies

Pour le plus grand désarroi à la fois des employeurs, de l'assurance maladie et des mutuelles de santé, les arrêts maladies abusifs sont en forte augmentation en France depuis la crise sanitaire liée au Covid-19 et la mise en place des téléconsultations[165]. Par ricochet, la traque des imposteurs constitue un marché en plein essor pour les détectives privés : « on a beaucoup de demandes pour les arrêts maladie abusifs en ce moment »[166]. Les enquêteurs trouvent une aide inestimable dans les réseaux sociaux, les « convalescents », naïfs ou insouciants, n'hésitant pas à poster sur Instagram des photos d'eux à la plage ou à se vanter sur Facebook d'être livreur pour Uber Eats, voire d'exercer une concurrence déloyale envers leur employeur[167].
Le fondateur et dirigeant de Codiv Enquêtes privées, ancien gendarme, témoigne : « cela devrait être le boulot de la Sécu, mais elle n'a déjà pas assez de monde pour s'occuper des kinés qui surfacturent… J'ai en tête une dame en arrêt depuis plus de six mois. Problème : elle a une activité de chauffeur VTC. Son employeur nous a sollicités. Une fois le dossier constitué, nous lui avons transmis pour qu'il puisse mettre un terme à son contrat ». L'agence parisienne travaille également sur des dossiers de fraude à l'assurance et compte parmi ses clients des services publics comme… la RATP. Depuis son arrivée à la tête de la Régie des transports parisiens, Jean Castex fait en effet la chasse à l'absentéisme. « Au lieu de pointer dans le métro, certains agents ont par exemple des fonctions d'agents immobiliers. À nous de le démontrer »[168].

---

[165] Les dépenses d'indemnités journalières maladie ont augmenté de 19 % en 2022 alors qu'avant la pandémie la hausse était de 5 % par an.
[166] Orianne Roger, « Filatures, infiltrations, enquêtes, le quotidien du détective privé », *L'Est Éclair*, 27 novembre 2023, p. 2.
[167] Carole Éon, « Ils traquent les arrêts maladies abusifs », *La Montagne*, 10 novembre 2022, p. 4.
[168] Benjamin Cuq, « Le nouveau visage des détectives privés », *Le Journal du dimanche magazine*, 9 novembre 2023, p. 46-49.

Qualités officielles, défauts officieux

Les témoignages se recoupent pour mettre en avant certaines qualités indispensables au détective privé[169]. Il ne faut pas se faire repérer (discrétion), être capable de mener des filatures au long cours avec des phases d'attentes (patience), en prévoyant de quoi s'alimenter, comme des pâtes de fruits, ou de quoi se changer (organisation). Et, le plus important, il faut être capable de sentir les situations (intuition), de rédiger des rapports circonstanciés (rigueur) et d'utiliser de nouvelles technologies (adaptation). Ces autoportraits insistent de façon très (trop) explicite sur le respect du cadre réglementaire et éthique de la profession. D'autres sources, anonymes, nuancent cet aspect : ainsi, bien qu'interdit, l'usage d'une balise GPS cachée dans un véhicule n'est pas rare car c'est beaucoup moins cher qu'une filature. Pour motiver un locataire indélicat à quitter un logement, rien de mieux que l'injection (illégale) de colle dans sa serrure…[170] Ces arrangements ne sont que des exemples anodins – on devine néanmoins qu'il ne faut pas ouvrir la boîte de Pandore.

L'inévitable extension vers Internet et les cyber-enquêtes

Les évolutions de la profession la poussent inexorablement vers des paysages plus proches du bureau aseptisé que des bars enfumés. Beaucoup d'affaires se résolvent uniquement face à l'écran de l'ordinateur, soit parce que la malversation a eu lieu dans le monde virtuel (arnaques en ligne, demandes de cyber-rançons, pillage de données, etc.), soit parce que la personne sur laquelle on investigue y a laissé des traces numériques (adresse, carrière, formation, mails, paiements, réseaux sociaux, etc.). Des agences œuvrent déjà dans ce domaine, comme InCognita (fondée par un ancien négociateur du GIGN et une psychologue), spécialisée dans la lutte contre le *ransonware* (racket en ligne), ou la *start-up* findmyscammer[171], dédiée aux escroqueries en ligne. Cette tendance conduit certains experts à considérer que,

[169] Juliette Duclos, « Filature, planque, enquête… Ce détective privé raconte », *Le Parisien, Grand Paris*, 23 janvier 2023, p. II ; Orianne Roger, « Filatures, infiltrations, enquêtes, le quotidien du détective privé », *op. cit.*

[170] Benjamin Cuq, « Le nouveau visage des détectives privés », *op. cit.*

[171] Littéralement « trouvez mon escroc ».

parmi les professions cyber du futur et aux côtés de l'ingénieur en cybersécurité spatiale ou le mentor d'IA (intelligence artificielle), figure le « cyber-enquêteur », variante du détective privé adaptée à notre monde digital. Avec des compétences en informatique, en psychologie et en prise de décision sous contrainte, ce spécialiste prend en charge les suites d'une atteinte à la sécurité, couvre l'enquête dans son ensemble (collecte des preuves) et identifie les responsables[172].

Dans la distribution, les hautes technologies, le luxe ou la pharmacie, des détectives recrutés à temps complet

La fréquence et l'intensité des attaques subies par les entreprises, qu'elle soient physiques (absences illégitimes, concurrence déloyale, fraude, vol, etc.) ou numériques (détournement de fonds, piratage informatique, usurpation d'identité, vol de données, etc.), rendent le recours à un détective privé de plus en plus banal dans le monde professionnel[173].

Les organisations, publiques ou privées, qui pensent être victimes de malversations sollicitent des cabinets indépendants (certains en ont fait leur spécialité) ou, lorsque leur taille ou leur secteur d'activité l'exigent, embauchent un ou plusieurs enquêteurs en interne. Dans tous les cas, la discrétion est de mise, soit pour identifier une filière frauduleuse en intégralité (détournement de marchandises, escroquerie comptable, etc.), soit pour limiter le risque d'altération de la réputation : lorsque, par exemple, elles subissent des contrefaçons réalisées dans les usines de leurs propres fournisseurs, les entreprises ne souhaitent pas forcément que cela se sache et préfèrent résoudre cela hors des tribunaux et, *a fortiori*, sans écho médiatique.

172 « Les professions cyber du futur : le détective, le hacker et le développeur logiciels », *Le Journal du Net*, 24 janvier 2023.

173 Olivier Scheuer, « Le recours au détective privé est de plus en plus fréquent dans le monde du travail », *Libre éco week-end*, 17 décembre 2022, p. 15.

Troisième partie

Un management confronté aux défis contemporains

Les ressources humaines, atout et talon d'Achille de la sécurité

Des forces publiques aux forces privées, l'enjeu que représentent les ressources humaines est déterminant. Difficultés de recrutement, remise en cause de la nature de la formation, critiques concernant la place des femmes ou des populations issues de la diversité parmi les effectifs, fragilité de la fidélisation des équipes face à des velléités de reconversions accrues, inquiétude face à la porosité des agents à la radicalisation religieuse ou politique et, enfin, failles éthiques : la liste des problématiques est interminable et montre le défi de la variable humaine pour la sécurité. Pour autant, l'engagement des hommes et des femmes qui veillent sur la population au quotidien est incontesté et s'est illustré dans d'innombrables situations dangereuses voire dramatiques. Un paradoxe pour le management des équipes, publiques ou privées.

Recruter, former, fidéliser : un défi à l'ère de la génération Z ?

Chacun se souvient que le président François Hollande avait fait de l'inversion de la courbe du chômage le point central de sa mandature (2012-2017). Il en avait même fait la condition qui, si elle était remplie, lui permettrait de se représenter (ce qu'il n'a pas fait). Il faut dire que ce sujet était devenu, depuis 1974, la préoccupation majeure lors des élections présidentielles ! Or, on constate une diminution du nombre de personnes éloignées du marché de l'emploi depuis la fin du mandat de François Hollande, qui se poursuit durant ceux de son successeur, Emmanuel Macron. Ainsi, à 7,5 %, le taux de chômage en France au premier trimestre 2024 établi par l'INSEE rejoint son niveau d'avant la crise provoquée par la pandémie de Covid-19 (7,1 %, 2020), qui était le plus bas depuis… 1982 ! Ce thème n'a pas été évoqué lors de la campagne présidentielle de 2022, laissant la place à celui des difficultés de recrutement, notamment pour le BTP, la restauration ou les services à la personne, mais pas seulement. Une forme de paradoxe puisque, face à ces postes non pourvus, il reste plus de deux millions de personnes sans emploi. Cette tension des embauches se reporte sur tous les secteurs et la sécurité n'y échappe pas.

Les forces de sécurité en compétition pour recruter

De Port-de-Bouc (Bouches-du-Rhône) à Berck (Pas-de-Calais), les salons de recrutement organisés par les municipalités, les missions locales, les départements ou France Travail se ressemblent et comptent systématiquement des stands de la Police nationale, de la gendarmerie, de la pénitentiaire, voire, pour les plus gros forums, de l'armée de terre. Évidemment, d'autres employeurs sont régulièrement représentés, au premier rang desquels la grande distribution ou les services (propreté, soins, etc.). Les représentants des différentes forces publiques de sécurité entretiennent des relations cordiales, ce qui n'empêche par une réelle compétition pour attirer des recrues potentielles. Le nombre d'emplois à pourvoir est considérable et, surtout, ne baisse pas, compte tenu de la pyramide des âges (départs à la retraite) et des démissions, y compris en école, c'est-à-dire dès la formation et avant même la prise de poste[174].

Comment séduire les candidats à l'embauche ? Bien qu'ayant légèrement augmenté, la rémunération n'est guère élevée et ne peut être mise en avant. Les contraintes du secteur sont notoires (lieu d'affectation, horaires de travail, risques professionnels) et l'image sociale de ces professions connaît un parcours en dents de scie (plébiscite après les attentats de 2015 ou pendant les Jeux olympiques de Paris[175], animosité pendant le mouvement des gilets jaunes ou lors de faits divers médiatisés). Les *goodies* distribués sur les stands font venir les curieux mais ne garantissent pas un intérêt réel pour les postes proposés. Pour dépasser cet obstacle, la gendarmerie a travaillé son image

---

[174] Cour des comptes, *Les forces de sécurité intérieure : des moyens accrus, une efficience à renforcer*, note thématique, juillet 2023.

[175] Antoine Albertini, « Cet "état de grâce" dont profite la police », *Le Monde*, 10 août 2024, p. 6.

institutionnelle (*cf.* chapitre 1) tandis que les recruteurs multiplient les initiatives en se déplaçant près du public visé, dans les écoles ou les universités, avec la stratégie du cheval de Troie : sensibilisation à la sécurité routière (y compris avec des simulateurs d'accidents), animation lors de journées portes ouvertes avec des activités spectaculaires attractives (brigades cynophiles, identité judiciaire, parcours commando, etc.). Les établissements de formation des forces de sécurité tentent eux-aussi de créer des évènements, à l'instar de l'EOGN qui, depuis 2021, organise des journées « devenir officier », avec mise en situation, initiation au tir ou prise en compte d'une scène de crime, ainsi que des temps d'échange avec des officiers. Un succès en nombre de visiteurs, sans possibilité de mesurer l'efficacité pour le recrutement.

Le dilemme de la notation des tests de recrutement

S'il est un sujet sensible et confidentiel pour la police et la gendarmerie, c'est bien celui de l'évolution de l'échelle de notation et des notes éliminatoires lors des tests d'admission.
En effet, comment admettre que, pour recruter aujourd'hui, l'on soit moins sévère qu'hier en termes de performance physique (habileté motrice et endurance) et intellectuelle (culture générale, expression écrite et orale, logique) ? Les ajustements à la baisse sont justifiés par la nécessité de s'adapter aux changements qui ont affecté la population (plus urbaine, moins sportive, etc.). D'autres contestent cette solution, qui conduirait à tromper les recrues quant à la difficulté réelle du terrain et expliquerait en partie les démissions dès la formation en école.
La difficulté pour les forces de sécurité intérieure est qu'elles sont tenues de respecter leurs schémas d'emploi (*i.e.* recruter selon les objectifs quantitatifs fixés par le gouvernement), sauf à voir leurs budgets amputés. Dès lors, compte tenu de la baisse du nombre de postulants, la sélectivité doit forcément être moindre. Seule modeste consolation : cette baisse de qualité des candidats affecte toute la fonction publique, à commencer par l'enseignement.

Cette concurrence pour les postes ne concerne pas que la gendarmerie et la police : les forces municipales sont mises en compétition entre elles par les candidats, au détriment de celles proposant les moins bonnes conditions de travail, comme la ville de Paris (*cf.* chapitre 3). Les organisations de sécurité, publiques ou privées, sont convoitées selon leur prestige, la difficulté d'accès à leurs postes, les avantages qu'elles accordent[176]. Les Douanes et la Gendarmerie nationale sont ainsi plus désirées que la pénitentiaire, tandis que les polices ferroviaires attirent plus que les agences de sécurité privées. Il en résulte de fait une hiérarchisation en termes de qualité des postulants et, donc, des personnes recrutées. Pour être tout à fait complet sur cette question de l'attractivité, il convient également de souligner qu'elle varie fortement selon les métiers (garde républicaine, police judiciaire, services spécialisés, unités d'intervention, comme le GIGN ou le RAID, etc.), avec des effets de mode liés à l'actualité ou, parfois, à des œuvres de fiction (films ou séries).

La formation, au cœur des débats politiques

« Plus que tout autre corps de fonctionnaires, les agents publics chargés d'exercer des missions de sécurité, et particulièrement ceux habilités à faire usage de la force, doivent être recrutés et formés afin de donner à leurs interventions la plus grande fiabilité et toute la sûreté et la légitimité nécessaires dans l'intérêt conjugué des populations qu'ils protègent, des institutions républicaines qu'ils doivent défendre et de leur propre sécurité ». Ainsi s'ouvre un état des lieux de la formation de la Police nationale, qui en retrace l'histoire tumultueuse, faite d'à-coups impromptus, selon l'actualité politique ou judiciaire du moment[177]. Le sujet est essentiel et, sans surprise, lors de la campagne présidentielle de 2022, les questions de sécurité ont été omniprésentes et constituaient souvent un marqueur assez révélateur des positionnements de chacun, y compris sur des aspects techniques (les lanceurs de balles de défense ou la

---

[176] Dans les classes préparatoires aux concours de la sécurité publique, les élèves ont, selon leurs résultats, le choix entre plusieurs institutions, ce qui permet de constater quelles sont les plus désirées (douanes, gendarmerie).

[177] Lucie Parraud (pseudonyme), « La formation de la Police nationale », *Après-demain*, n° 54/2, p. 14-17.

technique du plaquage ventral). Le seul thème sur lequel une forme d'unanimité est apparue, d'un extrême à l'autre du spectre politique, est la formation[178]. Tous les candidats considéraient qu'il fallait en augmenter la durée, soit en formation initiale au début de la carrière, soit en formation continue, au fil du parcours professionnel. Paradoxalement, les propositions rejoignaient ici celles du gouvernement (formulées lors du Beauvau de la sécurité, en 2021) et de la Cour des comptes, qui préconisait renforcement et modernisation, pointant les tensions subies par l'outil de formation (les écoles de gendarmerie et de police qui, à travers la France, accueillent les stagiaires en résidence pendant plusieurs mois)[179].

Néanmoins, qu'elle soit renforcée ou non, la formation des membres des forces de l'ordre rencontre un obstacle inattendu : les jeunes entrants, issus de ce que les sociologues qualifient de « génération Z »[180], manifestent une forme de réticence à l'autorité, à la discipline et à l'engagement, qui va à l'encontre des valeurs de ces métiers, aux hiérarchies verticales et aux procédures très formalisées. Les recherches les plus rigoureuses montrent que l'hypothèse d'une spécificité générationnelle semble peu robuste et que ces changements de valeurs sont plutôt le fait de l'époque que des individus eux-mêmes, loin de former un groupe homogène[181]. Plus que les jeunes – pas plus rebelles que ceux de mai 1968 –, c'est le rapport au travail qui a évolué. Pour autant, les formations aux métiers de la sécurité doivent prendre en compte ces transformations sociétales, où la responsabilité individuelle prime sur la cohésion du groupe et l'autonomie sur l'obéissance.

---

178 Fabien Leboucq, « Présidentielle. 22 v'la des programmes sur les flics », *Libération*, 22 février 2022, p. 2-3. Voir aussi le bilan dressé par Jacqueline de Maillard et Anatole Bouriates : *Recrutement et formation : enjeux cruciaux pour la qualité du service public de sécurité*, Terra Nova, octobre 2022.

179 Cour des comptes, *Les forces de sécurité intérieure : des moyens accrus, une efficience à renforcer*, note thématique, juillet 2023.

180 Cette expression désigne les personnes nées entre la fin des années 1990 et le début des années 2010, prenant la suite de la génération Y (à partir de 1980) et de la génération X (1961-1981).

181 Suzy Canivenc, *Les jeunes, des travailleurs comme les autres. Comment les entreprises peuvent-elles mieux répondre aux attentes des salariés ?*, Presses des Mines, 2024.

Diversité et intégrité, indicateurs d'une sécurité moderne

Créée en 1792, la 35e division de gendarmerie à Paris accueillit dans ses rangs Marie Charpentier, seule femme titulaire de la médaille des « Vainqueurs de la Bastille », distinguée pour son courage[182]. Cette figure d'exception fut donc formellement la première femme de l'histoire de la gendarmerie. Néanmoins et au-delà de cette anecdote historique, la féminisation des forces de l'ordre fut plus récente, avec des résultats notables.

Une féminisation plus avancée dans les forces publiques

Sans surprise, la place des femmes au sein des forces de l'ordre a souvent été à l'image de leur position dans la société française. Il faut se souvenir que c'est seulement en 1907 que la loi a accordé aux femmes mariées la libre disposition de leur salaire, en 1938 que l'incapacité civile des femmes a été supprimée et en 1944 qu'une ordonnance leur a octroyé droit de vote et d'éligibilité. Le principe d'égalité entre les femmes et les hommes est inscrit dans le préambule de la Constitution en 1946 et la réforme des régimes matrimoniaux est actée en 1965. C'était hier. Dans ce contexte, difficile de demander à la police et la gendarmerie de faire mieux que le corps social, d'autant qu'une ordonnance de 1800 (abrogée seulement en 2013 !) interdisait aux femmes le port du pantalon.

Pour autant, en dépit du carcan légal et symbolique[183], la police recrute des femmes dès 1893, d'abord à des fonctions de soutien administratif, puis, les leçons de la guerre ayant porté, à tous les postes possibles, sous l'impulsion volontariste du préfet Lépine : « Partout où les femmes ont remplacé les hommes depuis la guerre, elles ont fait preuve de plus d'assiduité, de plus

[182] Sylvie Clément, « 1983-2023 : 40e anniversaire de l'entrée des femmes dans les corps des sous-officiers et des officiers de gendarmerie », *GendInfo*, 8 mars 2023.

[183] Policiers et gendarmes incarnent la « force » de l'ordre, qualité virile s'il en est, que matérialise l'obligation du port de la moustache pour les gendarmes (dès 1832, rendue facultative en 1886, elle est de nouveau imposée en 1914 pour tous les militaires). Difficile aux femmes de s'imposer dans ce cadre…

d'ordre, de plus de dévouement (…). Bien loin de proscrire le travail des femmes, je demande qu'on le favorise »[184]. Elles deviennent « assistantes de police », puis « inspectrices sociales ». L'accès à l'ensemble des postes sera possible, par étape, à partir des années 1970 (enquêteur et inspecteur en 1972, commissaire en 1974). Et, quoi qu'aussi faux que par le passé, les clichés sexués jouent cette fois en sens inverse : elles sont jugées diplomates, patientes et rigoureuses, qualités utiles pour leurs missions, *a fortiori* dans la hiérarchie. Aujourd'hui, elles représentent 28 % des effectifs (20 % des gardiens de la paix, 25 % des officiers ; 28 % des commissaires)[185].

« Le garde du corps est une femme »

Lorsque le 13 juillet 2024, l'ancien président américain Donald Trump a été blessé lors d'un attentat, les services de sécurité ont été vertement critiqués[186]. Parmi les reproches qui leur ont été adressés, la taille du garde du corps qui protégeait le candidat républicain lors de son évacuation : la femme qui assurait cette fonction était en effet bien plus petite que lui. Ce constat a ouvert la porte a des procès en légitimité contre les femmes qui ont dû laisser de marbre Justine (prénom fictif), officière de sécurité du prestigieux et discret Service de la protection (SDLP) de la Police nationale (700 personnes, dont 50 femmes…)[187].
Après ses années au sein de la BAC75N (brigade de nuit de Paris, réputée pour être une dure école), la policière a passé le concours d'entrée à ce service dont elle rêvait depuis qu'elle avait intégré les forces de l'ordre. Surinvestie, sportive, bilingue, elle suit désormais comme une ombre l'ambassadrice des États-Unis en France, dont elle assure la protection. Après des tests d'admission exigeants (boxe, conduite rapide, course, cross,

[184] Jacques Porot Jacques, *Louis Lépine. Préfet de police. Témoin de son temps (1846-1933)*, Frison-Roche, 1994.
[185] Lucile Chevalier, « Les femmes montent en grade dans la police et l'armée », *Le Parisien*, 3 mars 2020.
[186] « Tentative d'assassinat de Trump : "L'échec le plus retentissant du Secret Service" », *Courrier International*, 15 juillet 2024.
[187] Anne Vidale, « Le garde du corps est une femme », *Madame Figaro*, 29 août 2023, p. 42-45.

natation, tir, mais également anglais, culture générale et informatique), elle a bénéficié d'une formation sur l'armement et les techniques de protection rapprochées. Le quotidien de ses homologues est varié, depuis les missions temporaires (auprès de personnes confrontées à une menace ponctuelle), l'accompagnement de conjoints de chef d'État en visite à Paris ou les gros dispositifs pour les niveaux élevés de risque. On peut assister à un match de tennis ou partir en voyage à l'improviste : difficile à conjuguer avec une vie privée traditionnelle. Mais la technique prime sur la force et les femmes y déploient un talent équivalent à celui des hommes. Donald Trump sait-il que c'est une femme qui, en 2000, a exfiltré le Premier ministre Lionel Jospin de Cisjordanie, sous les jets de pierres de la foule ?

De la femme du gendarme à la femme gendarme

Les femmes comptent pour 21,5 % des effectifs militaires de la gendarmerie, avec une sous-représentation dans le corps des sous-officiers et des officiers (18 % et 11 %) et une surreprésentation chez les sous-officiers et officiers du corps technique et administratif (64 % et 54 %). Certes, les femmes pouvaient être recrutées en tant que gendarme auxiliaire féminin depuis 1972, puis en tant qu'engagé féminin du rang (1975), pour des emplois administratifs. Mais ce sont deux décrets de 1983 qui vont autoriser la présence de femmes dans les corps des sous-officiers et des officiers de gendarmerie, d'abord avec des quotas (5 %) et des restrictions (garde républicaine ou gendarmerie mobile, par exemple) – les uns et les autres furent desserrés au fil des années puis levés (1998 pour les quotas ; 1999 pour les emplois au sein de la garde républicaine et du GSIGN ; 2016 pour la mobile). Plusieurs femmes ont atteint les plus hauts grades et l'action volontariste de l'institution en faveur de l'égalité professionnelle a été maintes fois saluée[188].

Pour mesurer combien cette évolution est une révolution, il faut se souvenir que, pendant un siècle (1870-1970), la présence féminine dans la gendarmerie est incarnée par l'épouse du

[188] Labellisée « égalité professionnelle » et « diversité », la Gendarmerie nationale a obtenu le grand prix de l'inclusion et de la diversité en 2022.

militaire – dont l'union est d'ailleurs soumise à enquête et autorisation hiérarchique jusqu'en 1978 ! La vie en caserne et la mobilité des carrières confortent cette situation. Les femmes de gendarmes eurent à plusieurs reprises des rôles sociaux décisifs (1970, 1989), leur prise de parole en public permettant de pallier le silence imposé par l'interdiction des syndicats de gendarmes.

Symbolisant le paradoxe d'une place clairement assignée au second plan associée à un rôle majeur (en soutien du militaire), cette figure de la « femme du gendarme » sera récurrente dans la série de films de fiction dits du « gendarme de Saint-Tropez »[189] dont l'opus final – unanimement décrié – mit en scène en 1982 des « gendarmettes », ruinant durablement auprès de l'opinion publique les efforts de l'institution en faveur des femmes.

Dans le privé, les hommes dominent la scène sécuritaire

Avec 22 % des effectifs, la part des femmes dans les polices municipales est très proche de celles des forces étatiques (mais très loin du score de la fonction publique territoriale, où elles occupent 60 % des postes). En revanche, au sein des équipes des entreprises privées de sécurité ou des forces intégrées à des entreprises (industrie sensible, transport, etc.), les hommes demeurent ultra-majoritaires. L'estimation de 15 % de femmes, fréquemment citée, semble d'une part légèrement surévaluée et, d'autre part, portée par la nécessité règlementaire de confier à des femmes la fouille et les palpations de leurs homologues dans les zones aéroportuaires ou lors d'évènements sportifs ou culturels (concerts et festivals). Cette « faible féminisation » (selon la litote du ministre de l'Intérieur)[190] constitue un problème moral et une piste pour améliorer le recrutement, en termes quantitatifs

---

[189] Cette série de 6 films réalisés entre 1964 et 1982, avec comme acteurs principaux Louis de Funès, Michel Galabru et France Rumilly, a été à la fois la chance et la malédiction de la gendarmerie : elle rendit l'institution populaire, tout en la ridiculisant. Le dernier film imposa le terme « gendarmette » dans le langage populaire, nécessitant un rappel à l'ordre de l'Académie française en faveur du mot épicène « gendarme », qui vaut pour hommes et femmes.
Pour célébrer ces films, un musée « de la Gendarmerie et du Cinéma » a été inauguré en 2014 à Saint-Tropez (Var), à ne pas confondre avec le Musée de la gendarmerie à Melun (Seine-et-Marne), consacré à l'histoire de l'institution.

[190] Matthieu Quiret, « Pour fidéliser les agents, il faut que la filière puisse proposer des salaires plus élevés », *Les Échos*, 22 septembre 2022, p. 20.

(un vivier peu exploité) et qualitatifs (moindre *turn over*, personnel plus consciencieux) – ces considérations reposant sur des préjugés tout aussi sexistes et infondés que ceux qui conduisaient à ne pas recruter de femmes…

L'inégale diversité de la sécurité

En 1997, le ministre de l'Intérieur Jean-Pierre Chevènement souhaitait que les adjoints de sécurité[191] soient « à l'image de la population ». Selon Frédéric Gautier, « l'exigence de diversification des recrutements peut être ainsi reformulée : comment faire entrer dans l'institution davantage de jeunes de milieu populaire, résidant dans des quartiers dits « sensibles », éventuellement nés de parents immigrés ou appartenant à ce que l'on nomme parfois les « minorités visibles ». Les propos du ministre de l'Intérieur indiquent par ailleurs que l'exigence de « représentativité » s'impose prioritairement (si ce n'est exclusivement) aux échelons les plus bas de la hiérarchie policière, et non à l'ensemble de l'institution »[192].

Dressant un bilan de cette exhortation ministérielle 20 ans plus tard, le sociologue constate que les recrutements dans la police nationale se sont effectivement diversifiés, en faveur des descendants de l'immigration africaine et des individus originaires d'Outre-mer. S'ils restent moins présents qu'ils ne devraient (au regard de leur poids au sein de la population), c'est plus du fait de la réticence des populations ciblées à intégrer ces métiers que des processus de recrutement, même si l'entretien avec le jury semble valoriser la compétence interactionnelle au lieu de la conformité aux exigences spécifiques du métier de policier ou du degré d'adhésion à l'institution, ce qui joue en défaveur des candidats de la diversité[193].

Le problème est que, pour le gardiennage, la situation est exactement inverse. L'origine et l'apparence deviennent des

---

[191] Devenus des « policiers adjoints », il s'agit des agents contractuels qui assistent les gardiens de la paix dans leurs missions.

[192] Frédéric Gautier, « Une police "à l'image de la population" ? » *Migrations Société*, n° 169/3, p. 39-52.

[193] Frédéric Gautier, « L'entretien de recrutement des gardiens de la paix dans la Police nationale. Paradoxes de l'épreuve et prime à la "compétence interactionnelle" », *Formation emploi*, n 124, 2013.

critères de compétence du vigile, tout en fournissant un gage de neutralité face à la nature présumée des fauteurs de trouble[194].

Pourquoi les vigiles sont-ils noirs ?

« Debout-payé » signifie vigile en français d'Afrique et l'expression illustre assez fidèlement le quotidien de ce métier ingrat. Succès public et critique, le livre d'Armand Gauz[195] raconte avec humour les péripéties d'Ossiri, étudiant ivoirien devenu surveillant invisible des temples de la consommation.
Qu'est-ce qu'un vigile ? « Un homme payé au Smic (quand il a des papiers) pour rester debout. Un métier qui consiste à donner une impression de sécurité. C'est un job "qui semble exclusivement réservé aux noirs à Paris parce qu'ils ont le physique pour ça. Parce qu'ils font peur. (…) Plus on s'éloigne de Paris, plus la peau des vigiles éclaircit vers le beur. En province, loin, loin dans la France profonde, il y a même des endroits où il paraît qu'il y a des vigiles blancs." »
Bref, « si vous êtes noir et insuffisamment doué pour la danse et la musique en France, vous pouvez devenir vigile, agent de sécurité ou encore videur de boîte de nuit. Pas maître-chien. Le chien n'est pas bien considéré dans la culture africaine. (…)
Vigile, c'est un poste d'observation de la société environnante bien préférable à une salle de rédaction ou à un séminaire de sociologie. C'est une espèce d'ethnologue africain débarqué à Paris. Ainsi a-t-il classé les réactions des clients lorsque le portique de sécurité sonne, en fonction de leur nationalité : l'Allemand fait un pas en arrière, pour vérifier la fiabilité du système, le Français regarde dans tous les sens à la recherche d'un autre coupable, qu'il est prêt à désigner à l'autorité. Le Brésilien, lui, lève les bras en l'air… »[196].

---

[194] Julien Scheepers, « La couleur des compétences. Les cas comparés de deux groupes professionnels : les éducateurs et les vigiles », *SociologieS*, mai 2019.
[195] Armand Gauz, *Debout-Payé*, Le Nouvel Attila, 2014.
[196] « *Debout-payé*, ou pourquoi les vigiles sont noirs », *France Culture*, 5 septembre 2014 ; « *Debout-payé*, vie de vigile et regard d'immigré sur la France, par Armand Gauz », *France Info*, 9 septembre 2014.

Les ressources humaines sont aussi un risque pour la sécurité

Accrus par la multiplication des polices municipales, par l'apparition de nouveaux besoins de sécurisation et le *turn over* élevé des agents de gardiennage, les besoins de recrutement des forces de sécurité publiques et privées sont gigantesques. Si certains postes sont attractifs (en fonction de l'institution, du métier et des conditions de travail), beaucoup sont à la fois peu rémunérés et difficiles. Dans ces conditions et face à la tentation d'une moindre exigence pour pourvoir les emplois vacants, deux écueils apparaissent, particulièrement inquiétants.

En premier lieu, certains pointent les risques déontologiques ou éthiques qui peuvent surgir d'un recrutement trop laxiste conjugué à une formation sommaire. La palette des dérives est vaste, englobant des faits allant du manque de respect de l'uniforme[197] ou du trafic d'informations[198] jusqu'à des violences illégitimes ou excessives lors d'interpellations ou d'opérations de maintien de l'ordre[199]. Cependant, il est difficile d'imputer ces dérives au recrutement actuel : elles existent depuis longtemps, leur évolution n'est pas mesurable et la question du maintien de l'ordre est quant à elle autant liée à la doctrine ou au public impliqué qu'aux agents eux-mêmes[200].

En second lieu, des failles sécuritaires peuvent naître de ces embauches rapides comme vigile ou policier. D'aucuns jugent qu'à l'heure d'une menace terroriste attestée, les forces de sécurité peuvent constituer une voie d'entrée à des actions soit par infiltration, soit par radicalisation. Sur ce point, baisser le niveau de contrôle à l'entrée des professions de la sécurité serait dévastateur.

---

[197] Florian Loisy, « Gendarme le jour, prostituée le soir : elle vend ses charmes sur Snapchat », *Le Parisien, Grand Paris*, 28 mars 2022, p. IX.

[198] Marie Guermeur, « Trafic de drogue : un policier de Vitry-sur-Seine poursuivi pour avoir transmis des informations à des trafiquants de drogue », *Le Point*, 9 mars 2024.

[199] La question de violences causées par des gendarmes et policiers est devenue récurrente dans le débat politique depuis le décès d'Adama Traoré en 2016, en dépit de l'ordonnance de non-lieu rendue en 2023, confirmée en appel.

[200] Ainsi, si depuis 2018, le mouvement des gilets jaunes ou les actions des écologistes extrémistes ont compté de nombreux blessés, leur mode d'action violent, inspiré de la guérilla urbaine, a joué une part certaine dans ce résultat. D'autres manifestations sur la même période n'ont déploré aucune victime.

La technologie, une arme à double tranchant

Mise entre les mains d'États estimés démocratiques ou d'institutions jugées légitimes, la technologie – liée aux systèmes d'information, mais pas seulement – est supposée, dans toute sa variété, protéger la société d'actes, d'individus, d'organisations et de pays malveillants, garantissant ainsi sa sécurité. Ce qui suppose que ces États et ces institutions agissent avec discernement et retenue, mais aussi de manière éthique et respectueuse des libertés publiques. Dès lors, comment, dans le maintien de l'ordre et de la sécurité publique, conjuguer liberté et technologie ? Et quid de la possession et l'utilisation de cette technologie par des individus, des entités et des pays hostiles ou amoraux ? Un questionnement complexe et sans fin.

Une ressource protéiforme et accessible à tous

Pour le marché de la sécurité publique et privée, les progrès technologiques et le développement du numérique ouvrent un large champ de possibilités. De façon prosaïque et comme pour toutes les organisations, ces outils constituent tout d'abord des leviers de performance pour améliorer le pilotage des services internes administratif et financier. Optimisation de la gestion des ressources humaines (carrières, compétences, emplois, recrutements), mais aussi des achats, de la gestion comptable ou de la logistique (gestion des stocks, suivi des commandes, etc.). En termes de marketing et de relation avec le public, les technologies – réseaux sociaux et sites internet – permettent d'entretenir une proximité avec les usagers ou les clients en donnant les moyens d'une communication institutionnelle efficace (pour cibler les éventuels candidats au recrutement ou améliorer l'image des forces de l'ordre) voire de permettre des usages interactifs (formulaires, signalement, etc.). Comme le résume le directeur général de la Police nationale, « la révolution numérique engendre de nouvelles façons de penser, d'agir et de concevoir tant l'action que l'organisation de nos institutions. Elle implique également de nouvelles relations avec la population. Participer à cet élan est un gage d'efficacité et de qualité du service rendu »[201].

Rien d'exceptionnel à ce stade, si ce n'est la volonté d'utiliser des techniques avancées d'analyse – en exploitant notamment le *big data*, c'est-à-dire des agrégats de données complexes – pour mieux anticiper les risques de survenue de troubles ou de phénomènes délictueux afin d'affecter les équipes de façon efficace. Utilisée à bon escient, la compilation de statistiques couplée à des outils de cartographie permet d'allouer les forces au mieux selon les jours, voire les heures, ou la nature des évènements. Il n'y a en effet pas de raison que ce que font les assureurs *a posteriori* pour moduler les primes de leurs clients, selon leurs adresses (avec une précision allant parfois jusqu'au numéro dans la rue), ou les responsables marketing pour cibler un marché ou implanter des points de vente, ne soit pas utilisable par les forces de l'ordre ou les entreprises de sécurité privées. Par exemple, chaque train ou chaque ligne de transport urbain n'entraîne pas les mêmes problématiques au même moment : les opérationnels de la police ferroviaire le savent de manière intuitive, mais les outils prédictifs permettent d'enrichir cette connaissance et de formaliser un savoir né de l'expérience et qui disparaît souvent lors des évolutions de carrière (mutation, progression) ou des départs (reconversion, retraite).

Des outils pour le quotidien des forces de sécurité

Dans la sécurité, le métier d'agent public ou privé requiert sur le terrain deux capacités fondamentales : la possibilité de communiquer et l'aptitude à neutraliser. La gendarmerie et la Police nationale dotent leurs effectifs d'équipements numériques (tablettes, téléphones, terminaux embarqués) garantissant une interaction à distance entre les équipes ou avec la hiérarchie mais aussi la capacité d'opérer à distance (notamment pour contrôler ou verbaliser). Ces solutions de mobilité se sont aujourd'hui

---

[201] Frédéric Veaux, « La Police nationale, un acteur en marche dans la mutation numérique », *L'ENA hors les murs*, n° 499, 2020, p. 34-37.

généralisées à l'ensemble des métiers de la sécurité. En termes d'équipement d'intervention et d'armement, les progrès sont moins visibles : bombes lacrymogènes, matraques et pistolets constituent une base inchangée, enrichie il y a déjà trente ans par des tasers, controversés et toujours soumis à autorisation comme arme de catégorie B (*cf.* encadré). Agents de sécurité et policiers municipaux n'en bénéficient pas.

Taser : une résurrection inopinée

Créée aux États-Unis en 1993, l'entreprise Taser est célèbre pour ses pistolets à impulsion électrique (PIE). Sa marque sert à dénommer de façon universelle cette arme incapacitante d'une portée de 7 mètres, qui paralyse temporairement la cible. Habituellement, lorsque le nom d'une entreprise est ainsi lexicalisé, c'est l'apothéose[202]. Pourtant, le 6 avril 2017, Taser disparaît… pour renaître sous la dénomination d'Axon, héritée de sa filiale spécialisée quant à elle dans les caméras corporelles[203]. Ce changement de nom indique que la firme ne souhaitait plus être liée au PIE (qu'elle continue de produire[204]), à l'origine de bavures ayant conduit à des décès au cours d'arrestations, suscitant diverses polémiques[205]. De surcroît, l'entreprise voulait se développer dans l'intelligence artificielle (IA) à partir des savoirs acquis par sa filiale Axon, *via* le logiciel éponyme, permettant d'archiver, d'analyser et d'alimenter une base de données, issues d'images envoyées par les caméras,

[202] Un nom de marque est dit « lexicalisé » lorsqu'il sert de façon commune pour désigner la catégorie de produit (comme Algeco ou Kärcher). Cela présente l'avantage de consolider la domination du marché et constitue une très forte barrière à l'entrée (dont bénéficie Nutella), mais l'entreprise peut être déchue de la propriété juridique sur la marque si un adversaire démontre que le terme est devenu un mot commun, (comme « sopalin », déposé en 1948 par la Société du Papier Linge, mais aussi escalator, bic, frisbee ou rimmel…).

[203] Stéphane Lauer, « Le fabricant du Taser change de nom pour se refaire une image », *Le Monde*, 6 avril 2017.

[204] Floriant Maussion, « Avec son nouveau Taser, Axon veut encore gagner du terrain sur les armes à feu », *Les Échos*, 14 novembre 2023, p. 18.

[205] Se jugeant dénigrée en France, l'entreprise a obtenu gain de cause en justice face à des personnalités politiques qui l'accablaient mais n'ont pu imputer formellement aucun décès au taser (elles en invoquaient « des centaines »).

employées par la police. Le développement fondé sur l'IA s'appuie donc sur ce logiciel et de le décryptage de la vidéo (deux jeunes pousses – Dextro et Fossil – ont été achetées dans ce but) afin de repérer des individus et des objets et de retranscrire promptement des témoignages. Mais quid de l'utilisation de ces données ? La société Axon laisse entendre qu'elle envisage de constituer un comité consultatif d'éthique…

La diffusion grand public accentue le partage de la sécurité

Dès 2009, la problématique de l'accès aux technologies de la sécurité par tout un chacun s'est imposée dans le débat public : une variante du Taser X26 alors utilisé par les forces de l'ordre était proposée à la vente auprès des particuliers sous le nom de « Stoper C2 »[206]. Suffisamment petite pour être glissée dans un sac à main mais presque aussi puissante que son équivalent professionnel, cette arme à impulsions électriques est alors promue comme un équipement d'autodéfense pour les femmes – le vendeur communique même sur les violences conjugales et a pris soin de colorer son produit en rose… Sauf que, dans le même temps, des cambrioleurs l'utilisaient pour neutraliser leurs victimes[207]. Depuis les modalités d'accès à des engins de défense ont été facilitées, aussi bien en termes d'achat (vente à distance, *via* le commerce en ligne) que de fabrication (imprimantes 3D).

Les nouveaux outils de communication n'échappent pas à cette appropriation par le grand public, pour des usages sécuritaires qui imitent ou contournent des dispositifs officiels. Ainsi, des habitants de Lyon (Rhône) ont créé une communauté sur l'application mobile de messagerie instantanée chiffrée Whatsapp pour faire face à des cambriolages de garages ou des vols de vélos, entre autres déboires subis par le voisinage[208]. Pour les initiateurs de ce groupe de plusieurs centaines de personnes, il s'agit d'alerter, de sensibiliser, de témoigner. Pour les pouvoirs

206 Samira Hamiche, « Un taser pour les particuliers ? », *Le Journal du dimanche*, 19 janvier 2009.

207 « Cambriolage au taser en Meurthe-et-Moselle », *Le Nouvel Obs*, 19 janvier 2009.

208 L.M., « Confluence : les habitants s'organisent sur WhatsApp pour “aider la police” », *Le Progrès*, 23 décembre 2023, p. 21.

publics, le respect du cadre légal est essentiel et le risque de sombrer dans la dénonciation et l'auto-justice est un souci. Pour l'entreprise Voisins Vigilants et solidaires (*cf.* chapitre 6), c'est une concurrence inattendue…

Tels les cambrioleurs équipés de tasers, les délinquants savent utiliser ces technologies à la fois accessibles financièrement, disponibles et simples. Dès lors, les applications de téléphonie et, de façon générale, les outils informatiques et numériques sont mobilisés pour élaborer des fraudes, notamment en les utilisant comme vecteurs d'infraction (altération ou vols de données en vue de demander des rançons ou de les revendre, arnaques et escroqueries variées dont celles des « brouteurs »[209] ou de la « fraude du président »[210], etc.). La difficulté ici est multiple : l'auteur peut être une organisation criminelle ou un adolescent désœuvré, il peut s'agir d'un concitoyen ou des services d'un pays adverses, les conséquences peuvent dépasser l'ambition initiale par effet boule de neige (par exemple, attaquer les infrastructures informatiques d'un hôpital peut entraîner des décès parmi les patients). Ces dangers sont démultipliés par la naïveté de certains, y compris au sein des entreprises ou des institutions publiques (mêmes sensibles)[211], mais aussi par la complicité ou la passivité de certains États et, surtout, la croissance exponentielle des outils connectés qui en rend la surveillance illusoire : au-delà des serveurs ou des téléphones, on peut hacker le bracelet équipé d'une puce RFID d'un patient à l'hôpital ou la cafetière programmable d'un commissariat, pour y provoquer un incendie.

---

[209] Un brouteur est un arnaqueur opérant sur Internet, notamment sur les réseaux sociaux, en simulant des histoires d'amour pour extorquer de l'argent à ses victimes. Le terme provient de Côte d'Ivoire et fait référence au mouton, qui se nourrit sans effort en broutant. Ils sévissent principalement depuis le Bénin, la Côte d'Ivoire et le Nigéria. Auparavant, cette escroquerie avait lieu par télécopie ou mail et était qualifiée d'« arnaque à la nigériane ».

[210] Cette escroquerie consiste, par usurpation d'identité, à obtenir des virements de la part d'entreprises abusées. Elle se développe depuis 2010, avec des cas spectaculaires utilisant le *deepfake* (trucage audiovisuel ultra-réaliste).

[211] Le hameçonnage pédagogique précurseur lancé par la direction informatique du ministère des Finances en 2017 avait fait 30 000 victimes sur 145 000 employés ! Voir : Elsa Bembaron, « Bercy pirate lui-même les e-mails de ses agents », *Le Figaro*, 3 octobre 2017.

L’extension fatale du domaine de la sécurité au monde virtuel

Les États et les services de sécurité, dans toute leur diversité, tirent profit de l’évolution des technologies pour améliorer leur capacité à protéger les foules. Mais les acteurs malveillants ne donnent pas leur part aux chiens… Tant s’en faut !

Des outils ingénieux et utiles mais potentiellement liberticides

Les offreurs (chercheurs, entreprises privées et institutions publiques) font feu de tout bois (concurrence, enjeux financiers ou équilibres géopolitiques obligent) pour proposer au marché toute une panoplie d’outils en mesure d’assurer, normalement, la protection de la société et l’amélioration de la sécurité des personnes et des biens. Ainsi, de la biométrie aux drones, en passant par les caméras d’action *GoPro*[212], la vidéosurveillance, la valorisation des données et la reconnaissance faciale (permettant notamment de contrôler les documents de voyage et les flux migratoires), les différentes forces peuvent disposer de moyens susceptibles d’annihiler, dès son apparition ou de manière anticipée, tout acte présumé hostile. Ces outils peuvent également aider à la prise de décision stratégique et/ou opérationnelle dans des contextes de contrôle et de protection.

Par exemple, la gendarmerie et la police utilisent aujourd’hui des caméras intelligentes ou augmentées. Ces équipements permettent d’enregistrer les actions mises en œuvre sur le terrain d’intervention mais également être employés pour repérer des manifestants, surveiller l’incivisme des citoyens ou sanctionner toute sorte de désobéissance. Appréhendées de manière positive, ces caméras éviteraient bien de polémiques lors des arrestations, des charges et des contrôles. De même, lors des jeux olympiques et paralympiques de Paris, les caméras (amenées à être pérennisées, au grand dam de certains) avaient pour but de repérer les colis abandonnés, les personnes isolées et restant

[212] Dénommées ainsi d’après la marque pionnière et leader dans le secteur. Appelées également « caméras-piétons », elles équipent depuis 2017 gendarmes et policiers pour prévenir tout manquement déontologique lors des interventions des forces de l’ordre, notamment lors des contrôles d’identité.

immobiles en des lieux sensibles, les rassemblements suspects, etc. Le problème effectivement est que ces caméras sont liées à leurs algorithmes et qu'elles peuvent servir à d'autres missions de surveillance par le truchement de la programmation. Elles vont alors dépendre de celui qui va les configurer et les maîtriser, ainsi que des objectifs qu'on assigne aux algorithmes[213].

Les Jeux olympiques de Paris,
cheval de Troie de la surveillance généralisée ?

Selon l'association de lutte contre la surveillance et la censure numériques « la Quadrature du Net », l'utilisation de la vidéosurveillance algorithmique (VSA) dans le cadre fixé par la loi « Jeux Olympiques » adoptée en 2023 ne constitue pas une nouveauté[214]. D'après celle-ci, ce n'est qu'une « manœuvre hypocrite » visant à légaliser, petit à petit, une infrastructure policière déjà bien établie en France.
S'opposant à cette démarche, elle a orchestré une campagne pour alimenter l'opposition populaire à la VSA, considérée comme une technologie basée sur des techniques d'intelligence artificielle, se traduisant par un contrôle automatisé et constant des espaces publics et entrainant un renforcement substantiel de la surveillance étatique. Une plainte a également été déposée devant la commission nationale de l'informatique et des libertés (CNIL) pour « dénoncer l'hypocrisie des promoteurs de la VSA » et souligner « l'incurie de l'autorité de protection des données personnelles ». Pour ces opposants, meilleurs sont les outils, pire sont les intentions…

Derrière ces caméras, il y a bien évidemment l'intelligence artificielle (IA) qui, aujourd'hui, fascine, comme on l'a vu avec la mue de l'entreprise Taser. Dans le domaine scientifique, elle propose le meilleur (qui refuserait l'IA pour l'amélioration de la

[213] Thierry Wolton, « Caméras augmentées aux JO 2024 : "un pas de plus vers la société de surveillance" », *Le Figaro*, 27 janvier 2023.
[214] « Contre l'empire de la vidéosurveillance algorithmique, *La Quadrature du Net* contre-attaque », *La Quadrature du Net*, 2 mai 2024.

santé ou l'allongement de la durée de vie ?). Elle intéresse également beaucoup dans le champ de la robotique (en mesure de remplacer l'être humain), mais fait débat dans la réduction de l'espace de liberté de l'individu et dans l'appauvrissement de son sens critique[215], ce qui questionne sur le plan de l'éthique, au même titre d'ailleurs que les questions qu'elle soulève en termes de capacité de création autonome et de droit d'auteurs. Dans ce contexte, les caméras intelligentes ou augmentées constituent, sans aucun doute, une nouvelle étape dans la surveillance de l'individu. La Chine fait preuve de beaucoup d'efficacité et d'ingéniosité pour contrôler et surveiller ses citoyens. Elle serait même en tête des pays qui utiliseraient l'IA à cette fin. Mais d'autres la suivent sur cette voie, peut-être de manière moins visible, à l'ombre de leurs opinions publiques et de leurs parlements. Et peu importe que ces pays soient autoritaires (Singapour) ou démocratiques (Corée du Sud). Ainsi, un certain nombre d'États importent – justement de Chine – les technologies nécessaires au contrôle de la société et certains vont jusqu'à solliciter l'expertise chinoise pour la gestion de l'Internet, des réseaux sociaux et de l'IA.

Plus de technologie, plus de malveillance ?

La technologie est également – c'est son côté le plus sombre – à la disposition de la cybercriminalité, pour une palette très vaste de crimes et délits (apologie du terrorisme, espionnage, manipulation de l'opinion, pédopornographie, rançonnage, etc.). En 2024, les Jeux olympiques et paralympiques de Paris ont ainsi été propices à cette malveillance technologique, posant de sérieux problèmes aux forces de l'ordre : rien moins que 88 raids ont été constatés et 317 sites frauduleux de reventes de billets repérés pendant cet évènement[216]

En matière de malveillance, qu'elle soit l'œuvre d'États, d'individus isolés ou d'organisations criminelles, l'offre est abondante et… la demande réelle et conséquente ! Cette offre

---

[215] Asma Mhalla, *Technopolitique. Comment la technologie fait de nous des soldats*, Le Seuil, 2024.

[216] Christophe Cornevin, « Fausses billetteries, cyberattaques… les pirates du web à l'assaut des JO », *Le Figaro*, 10-11 août 2024, p. 4.

ayant trait à des outils de cyberharcèlement, de robots tueurs, de censure, de surveillance en ligne, d'espionnage numérique[217], de *typosquatting* (enregistrement de noms domaines proches de ceux de sites connus), de capteurs sur le web, est somme toute classique. Elle émane d'entreprises qui répondent à des attentes latentes ou effectives, légales ou illégales et immorales – ou, plus souvent, amorales. Sur ce plan, la palme revient probablement à l'entreprise israélienne qui vend le logiciel Pegasus[218], capable de s'introduire dans plusieurs outils de communication, et d'autres logiciels pour pirater des plateformes (comme WhatsApp en Arabie Saoudite) ou de construire des opinions.

Quant à la demande, elle se rapporte certes à des malfaiteurs et à des entités criminelles, mais elle concerne également des États qui construisent de véritables stratégies fondées sur leur violence symbolique pour éliminer toute opposition envers les groupes dominants et/ou ayant le pouvoir. Le cas de l'Inde est édifiant puisque des robots – les Xoddhas – sont utilisés par les partisans du pouvoir actuel, pour appeler au meurtre et au viol. D'autres pays utilisent ces logiciels espions pour fouiller dans la vie des opposants, exposer celle-ci sur les réseaux sociaux et rabaisser le point de vue de ces derniers[219]. Un investisseur saoudien (affilié au pouvoir en place ?) est allé jusqu'à financer une entreprise italo-suisse – *Hacking Team* – spécialisée dans les cyber espions[220], fragilisée suite au piratage de ses données (*sic* !), y compris de la liste de ses clients, évidemment hautement sensible. Force est de constater que les États, qu'ils soient autoritaires ou démocratiques, sont paradoxalement responsables (parfois producteurs) et victimes de ces logiciels.

---

217 Martin Untersinger, « Les États-Unis durcissent les conditions d'accès à leur territoire pour certains vendeurs de logiciels », *Le Monde*, 6 février 2024 ; « L'Union européenne, nouveau "far west" des logiciels espion », *Courrier International*, 30 octobre 2023.

218 Rina R., « Pegasus : le logiciel espion le plus redoutable ! Tout savoir », *Lebigdata.fr*, 5 février 2024.

219 Akram Kharief, « Des pays arabes parmi les grands prédateurs du web », *Middle East Eye*, 12 mars 2020.

220 Sébastien Seibt, « Un investisseur saoudien sauve des cyberespions de mèche avec des régimes autoritaires », *France 24*, 2 février 2018.

Se protéger de l'ordinateur quantique avant son arrivée

Les problèmes de sécurité informatique sont sans fin : le danger futur viendrait de l'ordinateur quantique[221], en mesure de casser les techniques en vigueur de sécurisation des échanges, qui reposent sur l'idée qu'il est aisé de fermer un cadenas mais pas de l'ouvrir. Dit autrement, nous pouvons réaliser certaines opérations mathématiques dans un sens mais pas dans l'autre : multiplier deux grands nombres premiers entre eux se fait sans difficulté, en revanche, retrouver ces deux grands nombres en partant de leur produit est dur). C'est là qu'intervient l'ordinateur quantique, en mesure d'inverser ces opérations et ainsi de permettre l'accès aux secrets protégés. Les chercheurs ont alors été appelés à la rescousse pour proposer des opérations susceptibles de leur résister et d'établir des protocoles de chiffrement en mesure de brouiller les messages et de signature, pour authentifier une personne ou certifier un document.
Face à ce danger concret, l'agence étatsunienne de la standardisation (NIST) a retenu, après 6 ans d'évaluation, quatre entreprises : Crystals-Kybe (pour le chiffrement) et Crystals-Dilithium, Falcon et Sphincs + (pour la signature). Plusieurs chercheurs français font partie des membres qui ont élaboré les solutions des lauréats choisis. Par ailleurs, le jour de l'annonce du NIST, l'Union internationale des mathématiciens a remis la médaille Fields[222] à l'Ukrainienne Maryna Viazovska afin de la récompenser pour ses travaux portant justement sur ces gigantesques réseaux de points[223].

---

[221] « Les ordinateurs quantiques fonctionnent avec des bits quantiques, ou qubits, qui, contrairement aux bits informatiques standard ayant une valeur de soit 0 soit 1, peuvent être à la fois 0 et 1. Cette caractéristique signifie que les ordinateurs quantiques pourraient être beaucoup plus rapides que les ordinateurs classiques pour de nombreuses tâches. Ils pourraient également être utilisés pour résoudre certains problèmes qu'un ordinateur classique ne peut pas résoudre », Loïc Henriet et Landry Bretheau, « L'ordinateur quantique : tout comprendre en 15 minutes », *Polytechnique Insights*, 13 septembre 2023.

[222] Octroyée depuis 1936, la médaille Fields est considérée comme équivalente au prix Nobel, qui n'existe pas pour les mathématiques.

[223] David Larousserie « Sécurité informatique : la cryptographie post-quantique prête à entrer en lice », *Le Monde*, 7 juillet 2022.

Les conflits : une aubaine pour la sécurité

Une véritable imbrication semble caractériser les secteurs de la défense et de la sécurité intérieure comme le reflètent les préoccupations partagées : biométrie, communication cryptée, détection d'explosifs, drones de surveillance, lutte contre les risques NRBC (nucléaire, radiologique, biologique, chimique), etc. En France, un certain nombre d'entreprises leaders sont issues de la défense ou travaillent étroitement avec celle-ci, comme Atos, Airbus, Safran, Sopra Steria ou Thales. De jeunes pousses tirent également leur épingle du jeu (*cf.* encadré page suivante). En tout état de cause, ce marché est en pleine expansion. Au niveau mondial, il affiche 669 milliards d'euros de chiffre d'affaires en 2022 et 950 milliards sont attendus pour 2029. Au niveau français, le marché réalise 35 milliards d'euros en 2022 qui se déclinent principalement en vente d'outils de vidéo-surveillance (2 milliards), de cybersécurité (6 milliards), d'équipements pour les forces de l'ordre (3,9 milliards), d'outils de sécurité pour les aéroports (510 millions) et de drones (106 millions), désormais renforts habituels du maintien de l'ordre[224].

Stimulée par les conflits en cours (Moyen-Orient, Ukraine), une opportunité conséquente pour ce marché[225], la demande porte particulièrement sur les outils de défense et de surveillance. L'ensemble des domaines d'activité sont concernés : casques anti-émeutes, mannequins animés, textiles intelligents, etc. Hautement concurrentiel, le marché est dominé logiquement par les pays développés et occidentaux (Allemagne, États-Unis, France, Israël, Royaume-Uni), disposant de solides moyens financiers et, surtout, de la maîtrise technologique, et quelques pays émergents et/ou membres des BRICS. Le marché reflète en quelque sorte le désordre du monde.

En France, le salon Milipol à Villepinte (Seine-Saint-Denis), comme ses homologues de Doha (Qatar), New Delhi (Inde) et Singapour, constitue un moyen d'influence géopolitique et une vitrine idoine pour l'ensemble des offreurs, peu soucieux de

---

224 Anne Bauer, « Les drones et l'IA s'incrustent dans le paysage de la sécurité », *Les Échos*, 14 novembre 2023, p. 18.

225 Le film biographique *Vice* d'Adam McKay (2019) souligne la manière dont des firmes anglo-saxonnes ont amplement profité de la guerre en Irak, avec la bénédiction et le soutien du gouvernement américain de l'époque.

l'éthique et parfois à la limite de l'illégalité[226]. L'argent n'a pas d'odeur et aime beaucoup la guerre…

Une entreprise attirée par les failles

Spécialisée dans la détection des « secrets », c'est-à-dire l'identification des failles dans le code source conduisant à l'accès à des clés API (*Application Programming Interface*), aux noms des utilisateurs, aux mots de passe et aux certificats de sécurité, GitGuardian, une jeune pousse française, fondée en 2017 par Jérémy Thomas et Éric Fourrier, est en pleine croissance[227]. Après avoir levé 38 millions d'euros en 2021, l'entreprise est partie s'installer à Austin (Texas) aux États-Unis où elle réalise 75 % de son chiffre d'affaires, tout en conservant la recherche et développement en France. Des clients prestigieux constituent son portefeuille : Genesis, Instacart, Maven Wave, Talend. Selon le dirigeant de cette pépite française, « quelle que soit leur taille, les entreprises numériques ont toutes le même talon d'Achille : la sécurité du cycle de développement logiciel en lui-même. Sécuriser les environnements de développement, la chaîne d'approvisionnement logicielle et transmettre les bonnes pratiques aux développeurs est l'urgence absolue car ce sont les portes d'entrées privilégiées par les acteurs malveillants. Il est aujourd'hui crucial d'y porter la même attention qu'aux environnements de production, exposés par définition »[228].

---

226 Antoine Albertini, « Le marché de la sécurité en pleine expansion », *Le Monde*, 19-20 novembre 2023, p. 14.

227 Adrien Lelièvre, « GitGuardian, la start-up de cybersécurité, voit grand aux États-Unis », *Les Échos*, 7 décembre 2021.

228 « L'interview du mois : Éric Fourrier, co-fondateur et CEO de la pépite française GitGuardian », *Fevad*, 19 juin 2023.

La parole aux professionnels de l'ordre

L'ensemble des analyses qui précèdent sera utilement complété par la lecture de ces témoignages de professionnels de la sécurité. Chacun occupe un poste distinct, avec des responsabilités différentes et un parcours de carrière forcément personnel. Néanmoins, tous vivent au quotidien les mutations du secteur de la sécurité. Pour des raisons compréhensibles, l'anonymat des personnes interviewées est préservé. Merci à elles pour le temps passé à nous répondre[229].

La sécurité privée vue par… …un agent de sécurité

J'ai 51 ans, je suis agent de sécurité dans la région de Lyon (Rhône) depuis 5 ans. Auparavant, je travaillais pour un logisticien spécialisé dans les livraisons de cigarettes aux buralistes, dont j'escortais les camions en véhicule banalisé. Les attaques armées sont devenues de plus en plus fréquentes, j'ai changé de secteur pour mon emploi actuel.

À mon poste, mes missions sont diverses. Tout d'abord de l'évènementiel – surtout des concerts et des matchs de football, sauf pendant la Coupe du monde de rugby (du 8 septembre au 28 octobre 2023) ou les Jeux olympiques de Paris (du 26 juillet au 11 août 2024) –, où je dois gérer le public, les fouiller, voir s'ils ont des armes, faire en sorte que l'événement se passe bien.

Après, je fais aussi « du site » : je suis dans une guérite sur un site industriel, je surveille et contrôle les camions qui arrivent. Il faut vérifier s'ils viennent vraiment sur mon dépôt, pour quels motifs ; s'ils n'ont rien à faire là, je leur demande de faire demi-tour. C'est un travail de nuit. Par rapport à mes missions

[229] Témoignages recueillis par les auteurs entre août et septembre 2024.

évènementielles, ce sont deux employeurs différents. J'ai un contrat à durée indéterminée (CDI) et 4 contrats à durée déterminée (CDD) à côté. Il y a des mois où je ne travaille pas pour mes employeurs secondaires et des périodes où je refuse des missions parce qu'il y en a trop.

Mes journées types commencent par mon arrivée 15 minutes avant l'heure de départ pour la prise de service, c'est-à-dire que l'on prend le local, on vérifie son état, on regarde si le matériel est en état de marche, si on a tous les documents, s'il y a des demandes particulières du client. Une fois que tout est vérifié, la journée commence.

Les procédures et consignes sont obligatoires et on doit les suivre. Il y a un contrôleur qui passe pour voir si on dort, si on porte bien la tenue, si on fait bien notre travail, si le local est bien tenu… Il m'arrive d'être chef d'équipe et je dois passer vérifier que les agents font leur travail selon les règles. Si je constate des comportements non éthiques, je le signale. Par exemple, lors de la mise en poste d'un agent, je lui donne des missions à réaliser et des consignes précises, comme ne pas s'asseoir – notre boulot, c'est de toujours être debout, il y a très peu de cas où on est assis (ça arrive, mais c'est 5 %) –, d'être debout, sans téléphone. Or, beaucoup d'agents aujourd'hui se mettent dès que possible assis, et se plongent sur leur téléphone, à scroller. Donc ils ne sont pas attentifs à 100 %, avec un manque de vigilance forcément.

Dans la région, on tourne tous. Je connais la plupart des agents à Lyon et alentours mais je ne les retrouve pas dans les mêmes sociétés. Comme moi, tout le monde a 4 ou 5 sociétés comme employeurs, on se retrouve sur les mêmes gros évènements mais sans être forcément en CDI chez l'entreprise prestataire de sécurité. Je recroise les mêmes têtes. Les gens restent parce qu'ils travaillent en CDD à côté.

Par contre, il y a beaucoup de jeunes mais moins professionnels que les anciens. Un homme de cinquante ans va respecter les consignes, appliquer les règles à la lettre. Moi, je suis toujours debout et sans téléphone, c'est comme ça ; alors qu'un jeune, il va prendre le poste mais il va pas forcément écouter les consignes. Je ne dis pas qu'il ne fait pas son travail, mais il le fait moins bien, avec moins de rigueur.

Il y a des femmes, elles sont traitées comme les hommes, elles ont les mêmes missions, elles font le même boulot que nous. Après, sur une intervention, en cas de bagarre, ça ne m'est jamais arrivé d'intervenir avec des femmes. De toutes façons, on va dire que ce sont toujours les hommes qui y vont en premier… Attention : les femmes suivent, elles sont tout de suite derrière. En revanche, le but, c'est pas de se battre, c'est de communiquer, d'apaiser. Mais, bon, ça arrive.

Les qualités pour exercer ce métier sont le contrôle de soi et la communication avec les gens, la diplomatie. Ce qui est le plus difficile au quotidien, c'est de gérer les gens et leur mauvaise humeur, leur impatience. Les relations humaines sont complexes mais essentielles. Il faut éviter les conflits.

Il faut bien voir qu'on est considéré comme des citoyens normaux, comme les autres, c'est-à-dire que l'on a le droit à rien, à aucune arme. Si on se sert d'une arme, on sera d'ailleurs plus sanctionné en tant qu'agent de sécurité – jusqu'à perdre notre carte professionnelle. C'est un organisme qui s'appelle le CNAPS qui l'attribue, et eux, ils ne rigolent pas. Elle est renouvelable tous les 5 ans, après une semaine de formation financée par l'employeur si on en a un, ou par l'agent s'il n'a pas d'employeur. Sinon, la carte n'est plus valable. Et sans carte professionnelle, tu ne peux plus exercer officiellement ce métier. Tous les agents ont forcément une carte.

Parmi les clichés, il y a l'idée que l'on profite des évènements, qu'il s'agisse de matchs ou de concerts par exemple. Mais il faut bien voir que l'on doit être vigilants et regarder le public plutôt que le terrain ou la scène. Et on n'est pas toujours affecté pour des équipes ou des artistes que l'on apprécie. L'avantage, c'est que l'on peut voir des stars, des joueurs de foot… Mais encore une fois, les consignes sont claires : on ne doit pas parler aux gens. Alors, oui, on peut glisser un mot, un sourire, mais normalement on n'a pas le droit de faire de selfies par exemple. Il y a des agents qui se le permettent, mais si on respecte les procédures, on n'a pas le droit au contact personnel avec les personnes qu'on protège.

Si c'était à refaire, je referai ce métier. C'est enrichissant, je regrette pas, par rapport à d'autres métiers que j'ai pu faire. J'envisageai pendant une période de devenir APR (agent de protection rapprochée) mais le problème c'est que pour ces postes, il faut parler anglais, ce qui n'est pas mon cas. Physiquement, si on se donne les moyens, on peut y arriver.

La sécurité publique vue par… …un ancien gendarme mobile

J'ai 29 ans, je suis aujourd'hui officier du corps technique et administratif de la gendarmerie nationale après avoir été pendant 6 ans gendarme mobile, ce qui a constitué ma première affectation à l'entrée dans l'institution.

Pour comprendre mes motivations pour devenir gendarme, il faut savoir que je suis issu d'une famille purement militaire. Mon père, mon grand-père, mon arrière-grand-père ont tous été militaires, donc j'ai toujours eu cette aspiration pour le monde de l'arme. Ma grande sœur a fait un lycée militaire avant moi ; moi, j'ai effectué mes études supérieures (*math sup-math spé*) au lycée militaire Saint-Cyr, donc ça m'a conforté encore dans cette idée de rejoindre le monde militaire et, à la fin de ces études, j'ai fait une espèce de *burn out*, j'en avais assez des études, mon père m'a conseillé de devenir sous-officier de gendarmerie. Cela s'est avéré fructueux puisque j'ai réussi le concours et j'ai intégré la gendarmerie en tant que sous-officier.

Finalement, j'ai eu plusieurs envies de carrières qui se sont avérées irréalisables (tireur d'élite, pilote de chasse) ou qui ont évoluées au fur et à mesure de mon contact avec le monde militaire.

J'ai été affecté pendant 6 ans à l'escadron de gendarmerie mobile[230] d'Aurillac (Cantal), avec le grade de gendarme. On

[230] La Gendarmerie mobile est une subdivision d'arme de la Gendarmerie nationale, spécialisée dans le maintien de l'ordre et qui constitue l'équivalent des CRS de la Police nationale.

avait un large panel de missions et, en fonction de celles-ci, nos journées étaient très différentes. Quand nous étions déployés en Outre-mer, nous étions vraiment assimilés aux brigades territoriales qui sont présentes sur le secteur, donc nous travaillions comme des gendarmes départementaux (on fait des enquêtes, des patrouilles, etc.). Déployés sur Paris, on avait des missions de pur maintien de l'ordre pour encadrer des manifestations, anticiper les débordements ou rétablir l'ordre suite à ces débordements. On était mis en place à 6 h du matin et on terminait tard, vers 21 h-22 h, lorsque la manifestation prenait fin. Enfin, il y avait des temps plus calmes, où on était à résidence. C'était des journées sanctuarisées pour de l'instruction, on se mettait à jour pour nos pratiques d'intervention, dans notre usage de l'arme, nos techniques de combat et de maintien de l'ordre. C'était des journées organisées sur les horaires de bureau, 8 h-18 h. C'est là aussi qu'on rattrapait nos repos compensateurs et nos permissions, car on avait à peu près 250 jours de déplacement par an.

Lorsque j'étais à l'école de sous-officiers, je ne me posais pas la question de l'adéquation de la formation. À l'époque, c'était 10 mois en école et cela me semblait amplement suffisant. Quand je suis arrivé en gendarmerie mobile, je me suis senti assez formé, pas forcément dans la gestion des évènements mais plutôt dans mon *a priori* et mon intégration à l'environnement gendarmerie. Mais c'est un poste qui est assez simple, car dans la gendarmerie mobile, on est presque infantilisé, les nouveaux sont tuilés par leurs supérieurs et pris en charge par les anciens ; on n'a pas de grosses responsabilités quand on arrive, on est tout en bas de la hiérarchie. On a des fonctions précises et une autonomie minimale contrairement à nos camarades qui rejoignent la gendarmerie départementale et se sont tout de suite trouvés à assumer des responsabilités plus importantes, comme chefs de patrouille par exemple, avec des gendarmes adjoints volontaires, donc des jeunes de 18 ans qui sont encore moins formés que ce que nous étions et là, je pense qu'ils se sont trouvés dans des situations où la formation pouvait sembler insuffisante, notamment pour la police judiciaire, les interventions. C'est vrai que 10 mois d'école, c'est très court pour affronter le panel des missions qu'ils avaient. Pour la gendarmerie mobile, c'était suffisant – si on était sportif, ça passait tout seul car on n'était jamais isolé, ni en responsabilité. On suit le mouvement et ça se passe très bien.

En gendarmerie mobile, on suit les procédures à la lettre et c'est très difficile de faire autrement parce qu'on est tout le temps sous l'autorité d'un officier de police judiciaire, quoi qu'il arrive, que l'on fasse des patrouilles ou que l'on intervienne sur un évènement particulier dans le cadre de nos missions assimilées à celles de la gendarmerie départementale pour lesquelles nous n'étions qu'un renfort lorsqu'il y avait des tensions. On ne menait pas les procédures, on faisait des interpellations des fouilles, mais toujours sous couvert d'un officier de police judiciaire. Pour le maintien de l'ordre, c'est pareil, les procédures ne peuvent pas être enfreintes car les gendarmes mobiles agissent sous couvert de l'autorité d'un commissaire, ou d'un officier de la préfecture de police (la plupart des manifestations se passent en zone police). On n'a pas de marges de manœuvre, on suit les ordres. Les procédures sont respectées.

On est contrôlé par la hiérarchie, par les anciens, par les adjoints de commandants de peloton, le commandant de peloton, le commandant d'unité, etc. On a une chaine hiérarchique très verticale. On avait peur de mal faire et on faisait tout pour être irréprochables. Il y avait aussi des éléments dans notre escadron qui étaient là – un peu comme la police prévôtale dans les armées – pour contrôler les éléments perturbateurs. À titre d'exemple, un jour, mon commandant d'unité est arrivé alcoolisé au travail, il a été tout de suite été pris en charge, on lui a retiré son armement, c'était fini. On a toujours respecté le cadre légal et les procédures règlementaires.

Il y a parfois des comportements non éthiques ou non déontologiques mais toujours au sein de l'escadron. Il y a des mauvaises plaisanteries, des blagues de mauvais goût, de l'alcoolisation, mais cela reste dans le microcosme de l'escadron, cela n'a jamais eu d'impact sur la population. Il faut bien voir que la vie au sein d'un escadron de gendarmerie mobile est très différente de ce que l'on trouve au sein d'une brigade : on est 120 environ, on travaille ensemble, on mange ensemble, on dort ensemble, on fonctionne de façon recluse. C'est très particulier.

Dans ce métier, on voit toute sorte d'évènements différents, on rencontre énormément de personnes différentes : chaque mission est une anecdote. Quand je suis arrivé en gendarmerie, j'allais avoir 19 ans et ce qui m'a le plus touché c'est le contact de la mort – les accidents de voiture, les découvertes de cadavres, ce sont toujours des moments difficiles à vivre. Ce qui m'a le plus frappé, c'est vraiment le contact de la mort, des familles de victimes. C'est ça le plus marquant dans ce métier[231].

La sécurité privée vue par… …un expert de la sûreté ferroviaire

Depuis 2020, le groupe SNCF est composé d'une société mère et des sociétés SNCF Réseau, SNCF Gares & Connexions, Rail Logistics Europe, SNCF Voyageurs, Geodis et Keolis. La la Surveillance générale de la SNCF (communément appelée la « Suge ») relève de la holding de tête. Pour autant, il n'y pas de conflit d'intérêts, il y a des contrats signés avec le gestionnaire intergroupe ou le hub du groupe. Le service de la Suge est proposé tant à l'entité chargée des infrastructures qu'aux transporteurs qui opèrent dans un univers concurrentiel. Le service est identique pour tout le monde, tous les clients sont logés à la même enseigne. En particulier, parmi les missions de la Suge et contrairement à ce que l'on pourrait croire, le TGV n'est pas prioritaire. La sureté concerne tous les types de trains et aucune ligne n'est privilégiée.

De façon concrète, le client – puisque nous sommes dans une relation de client-fournisseur, que ce client soit une gare, une ligne ou un autre opérateur – demande des interventions de la sûreté, parce qu'il y a un besoin. La Suge étudie cette sollicitation et y répond de manière précise. Cependant, il peut y avoir des préconisations, notamment si la Suge estime que la demande est

---

[231] Sur ce sujet, voir : Rémy Nollet, *Face à la mort: Le témoignage inédit d'un gendarme*, Éditions du Rocher, 2023.

sur ou sous-dimensionnée. En même temps, tout le monde défend ce qu'il souhaite comme sûreté, en fonction de sa perception de son besoin : une sureté moyenne, importante, etc. Cela se traduit par un accord établi chaque année, pour chaque client et pour une prestation précise.

En termes de clients, il y a les clients du groupe SNCF et les clients externes. Comme évoqué, tout est régi par un contrat client-fournisseur, ce qui implique que le service proposé doit être efficace et de qualité. La Suge répond à la demande (externe ou interne) en proposant le niveau de service et les tarifs. Ces tarifs sont contrôlés et validés en amont par l'autorité. Les tarifs présentés sont logiquement établis par rapport aux coûts. Ils sont ensuite rendus publics. D'une manière détaillée, la démarche est structurée comme suit : les agents de la Suge regardent tous les moyens (matériel, personnel, temps, etc.) nécessaires pour assurer la prestation de sûreté, ils tiennent compte du coût de ces ressources et établissent un tarif horaire. Révisé et validé chaque année, ce tarif est unique pour l'ensemble des clients et est utilisé pour les heures de sûreté souhaitées. Ces prix font de la Suge un prestataire cher quand on la compare à un prestataire privé étant donné que les agents qu'elle mobilise sont armés, disposent de solides compétences ferroviaires et jouissent de prérogatives définies par l'État. Ces prérogatives sont explicitées des textes législatifs, notamment dans la loi relative au ferroviaire[232].

---

[232] Les prérogatives de la police ferroviaire figuraient dans les cahiers des charges des compagnies dès le mitan du XIXe siècle et ont actualisées par de nombreux textes depuis lors. En particulier, la loi n° 2016-339 du 22 mars 2016 relative à la prévention et à la lutte contre les incivilités, contre les atteintes à la sécurité publique et contre les actes terroristes dans les transports collectifs de voyageurs permet désormais aux agents de la Suge de procéder à des inspections visuelles et à des fouilles corporelles et des bagages, outre l'établissement de procès-verbaux.
Une proposition de loi adoptée le 13 février 2024 par le Sénat, en première lecture, cherche à renforcer de manière substantielle la sûreté dans les transports. Elle voudrait élargir sensiblement les prérogatives des agents chargés de la sécurité en leur permettant de réaliser des palpations de sécurité, en l'absence d'arrêté préfectoral ; de jouir d'un « droit de poursuite » lorsqu'un contrevenant se rend sur la voie publique après avoir commis une infraction à l'intérieur d'une emprise ou d'un véhicule ; d'utiliser des caméras piétons, même sur la voie publique dans le cadre du nouveau droit de poursuite ; de

Cela étant, la réflexion au sujet du niveau de sureté est permanente. Mais on ne peut pas mettre une personne derrière chaque voyageur, surtout compte tenu de la grande variété des infrastructures ferroviaires, du nombre de trains et des flux de passagers. Il est complexe de couvrir à tout moment et en tout lieu le risque de sûreté. Des diagnostics sont établis par les entités avec l'assistance des experts de la Suge et visent à trouver la meilleure manière de couvrir les risques identifiés en prenant en considération les ressources disponibles. En aucun cas il y a acceptation d'un niveau de risque donné, on ne renonce pas à une sécurité qui doit être totale. On voit plutôt si ça coute cher, on évalue, et il y a une organisation pour répondre à cette demande, pour proposer une prestation appropriée.

Les agents de la Suge sont assez fiers de leur métier. Ils ont un sens du service public très fort, ils sont attachés à la situation qu'ils rencontrent, ils sont vraiment contents d'aider les personnes qui se trouvent en difficulté, ou dans des situations délicates. Il faut savoir que c'est un métier extrêmement éprouvant sur le plan physique : il y a beaucoup de formations et d'entraînements, ce qui conduit à attirer beaucoup de jeunes. Certains agents font, par la suite, le choix de fonctions moins exigeantes, à la Suge ou dans d'autres entités du groupe. Il y a une différence notable entre la sécurité du privé et celle du public : les agents publics peuvent verbaliser et transmettre les informations relatives aux situations qu'ils ont gérées aux instances judiciaires pour d'éventuelles poursuites.

Sachant que les prérogatives ont trait à la sûreté globale des biens et des personnes, peu importe que ces dernières soient des clients de la SNCF ou non. Comme les gares sont des lieux de passage et de stationnement importants et relèvent du patrimoine de la SNCF, si une personne commet une infraction liée à la sécurité – ou en est victime – dans l'enceinte de la gare ou dans un lieu public proche[233], la Suge est amenée à intervenir, quand bien même aucun usager ou client de la SNCF ne serait directement concerné.

---

collecter et traiter, après avis de la CNIL, des données sensibles, dans le cadre du traitement d'infractions flagrantes, en lien avec les forces de l'ordre.

233 Proposition de loi en date de 2024, *cf.* note précédente.

La sécurité privée vue par…
…le patron d'une entreprise de sécurité privée

J'ai créé cette entreprise en 2006, c'est moi qui la dirige et je suis le seul associé. C'est une société à responsabilité limitée (SARL) dont le chiffre d'affaires annuel se situe entre 350 000 € et 450 000 € (les bonnes années…).

Je travaille en général de la manière suivante : je réponds à la demande de grands groupes (de sécurité), j'en deviens ainsi le sous-traitant. Si je dois sous-traiter à mon tour, je dois absolument informer le donneur d'ordres (je dois dans ce cas-là remplir un formulaire spécial). Cette transparence est supposée éviter la sous-traitance en cascade. Ces groupes me contactent parce que je suis connu dans cet univers. À vrai dire, tout le monde se connait comme dans tous les secteurs – si vous n'êtes pas bien entendu un nouveau venu.

Cela étant, il m'arrive de répondre directement à des appels d'offre. J'en entends parler, parce que je suis ce qui se passe dans mon environnement, parce que je suis l'actualité. Par exemple, j'ai soumissionné pour le défilé du 14 juillet 2024 et j'ai obtenu le marché. J'en étais vraiment content. Mais, globalement, il faut être en amont des appels d'offre.

Comment se fixent les prix proposés ? Dans notre métier, le référentiel tarifaire de base, c'est l'heure/homme. Les prix se situent entre 18 euros (si je suis sous-traitant) et 21 euros de l'heure (si je facture en direct au client final, bénéficiaire de la prestation de sécurité)[234]. Ce qui semble correct et concurrentiel.

Sur le plan du personnel, j'ai un noyau dur de 10 personnes que je peux mobiliser à tout instant. Ce noyau est très important pour moi. Cela étant, en fonction des besoins, je peux opérer avec 2 personnes ou 5 ou 10, etc. Mais en CDI proprement dit, je n'ai que 2 personnes. Ensuite, en fonction des contrats et des marchés

[234] Pour rappel, au 1er janvier 2024, le SMIC mensuel net (base 35 heures) s'élève à 1 398,69 €, soit 1 766,92 € brut. Le SMIC mensuel chargé (base 35 heures) coûte donc au total 1 829 € à l'entreprise, soit 12,15 euros de l'heure (hors primes, mutuelles, prise en charge des frais de transport, des repas, etc.).

obtenus, je peux aller au-delà du noyau dur et recruter en CDD jusqu'à 30 personnes, voire 40. C'est mon réseau qui me permet de recruter ce personnel d'appoint. D'où l'intérêt de bien maîtriser le métier et d'avoir un réseau. Comme j'ai commencé dans le métier en tant qu'agent de sécurité, je connais beaucoup de monde et il n'est pas du tout très compliqué pour moi de trouver des agents en renfort ponctuel. J'ai pour ça un excellent carnet d'adresses.

Ces agents sont bien évidemment soumis à la réglementation, disposent de la carte professionnelle et peuvent être Français ou étrangers. Quand ils sont étrangers, ils doivent être en possession de la carte de séjour. Il y a surtout des hommes. Il y a de temps en temps des femmes.

Les salariés en CDI sont payés au SMIC. À ce SMIC, j'ajoute l'ancienneté, la prime d'habillement, le transport et la prime de fin d'année. Les salariés en CDD sont également payés au SMIC. Je complète ce SMIC par une prime de précarité, le « panier-repas », le transport et les congés payés.

J'ai des liens corrects avec la Police nationale. Il m'arrive de travailler avec elle quand il s'agit de vérifier que tout est conforme à la règlementation et aux besoins de sécurité, notamment dans le cadre de contrats publics et que ce qui est mis en place par mon équipe correspond bien à ce qui est souhaité par le client. Je dois ainsi bien maîtriser toutes les facettes du métier.

La sécurité privée vue par… …un gardien de la paix

Je suis policière et dès la classe de 6e, j'ai eu envie de faire ce métier, à cause de mon entourage : les parents de mes amies étaient policiers, donc quand j'allais chez elles, ils nous racontaient des mésaventures qui avaient eu lieu pendant leurs interventions, surtout des anecdotes distrayantes pour nous faire rire. J'ai ensuite regardé beaucoup de reportages et les actualités qui m'ont donné envie d'en apprendre plus et de me lancer dans l'aventure. J'ai effectué mon stage de 3e dans un commissariat, ce qui m'a convaincue.

Je suis rentrée dans la Police nationale en 2019 (admission en école), avec une prise de poste effective en 2020. Je suis aujourd'hui en poste dans un commissariat de la banlieue parisienne. Mes missions concernent par exemple les infractions routières, depuis les défauts d'assurance et la conduite sous stupéfiants en passant par les véhicules faussement immatriculés. Cela n'empêche pas d'intervenir aussi pour des missions du quotidien, soit en cas de flagrant délit, soit en fonction des besoins ponctuels (comme pendant les Jeux olympiques et paralympiques de Paris, auxquels j'ai été affectée sans interruption de mi-juillet à fin août 2024). Une journée type commence par un appel pour s'assurer de la présence de tout l'effectif, ensuite nous sommes divisés en équipages (en général 3 agents), nous nous équipons, ainsi que le véhicule, et nous partons patrouiller.

Dans mon service, il y a assez peu de femmes, c'est une grande majorité d'hommes. La hiérarchie essaye de rééquilibrer mais c'est encore loin d'être le cas. Nous faisons exactement le même travail que nos homologues masculins. Dans les relations hommes-femmes, les choses se normalisent… Il n'y a pas de problème particulier.

Ce poste n'est pas mon premier poste en sortie d'école, lequel était totalement différent. En effet, j'étais initialement affectée à la compagnie de garde du palais de l'Élysée. Nous étions chargés de surveiller les bâtiments et leurs alentours et de nous assurer que les personnes qui y pénètrent soient dûment autorisées. C'était plus des missions de surveillance, plus statiques, en coordination avec les gendarmes qui se chargent quant à eux de la sécurité intérieure du palais présidentiel. Entre forces de l'ordre, nous étions très peu en contact, sauf en cas de problème, auquel cas il y avait évidemment coordination immédiate (par exemple, en cas de tentative d'intrusion d'un inconnu pour offrir des fleurs à la femme du président).

En sortant d'école, je ne me sentais pas forcément assez formée, notamment parce que nous sommes sortis de façon anticipée à cause de la pandémie de Covid-19. Mais, même sans ó ...oup de choses à retenir en peu de temps et ce ... école doit toujours être ajusté ensuite à la ...u terrain, il y a souvent des procédures spécifiques à ...pliquer. Les formateurs nous préviennent, sauf qu'arrivés sur un incident, il faut s'adapter très concrètement. Ce n'est pas simple dans les premiers temps.

Au poste que j'occupe aujourd'hui, il est important d'être rigoureux. Dans un équipage, un bon coéquipier, c'est quelqu'un qui reste professionnel et attentif. Dans nos missions en général et au bord des routes en particulier, celui qui n'est pas vigilant met en danger le reste de son équipage. Il faut être constamment en alerte et communiquer dès que l'on voit quelque chose, c'est très important. Cela peut aller très vite.

Nous respectons les procédures à la lettre, nous suivons toujours la réglementation. J'ai le souvenir d'un seul cas, un collègue qui a voulu contourner une procédure, il a immédiatement été rappelé à l'ordre par ses coéquipiers qui ont refusé d'aller dans son sens et il n'a pas donné suite à son idée. De façon générale, les rares comportements non éthiques que j'ai constatés ont lieu uniquement entre nous et relèvent de l'humour. Parfois, c'est un peu lourd, pas très subtil, mais les collègues visés ont toujours répliqué. C'est dans des moments entre agents, les usagers ne sont jamais concernés.

Nous sommes contrôlés au quotidien. L'usage des armes en particulier est très réglementé, tout le monde est conscient que ce ne sont pas des jouets, on est très sérieux sur ce sujet. Soit on les récupère à l'armurerie, soit certains les ont tout le temps avec eux, mais dans tous les cas on est rigoureux. Chacun est conscient des dangers, nous sommes formés au maniement des armes chaque année de façon obligatoire. Je me suis servie une fois de mon arme en service, pour un refus d'obtempérer. Le conducteur nous a foncé dessus. Paradoxalement, cette situation s'est passée exactement comme en école, on n'a pas le temps de réfléchir, il faut réagir en se mettant en sécurité par rapport au véhicule tout en sortant son arme. L'individu a été interpellé sans dommage.

Depuis le 1er janvier 2022, nous pouvons voyager à bas tarifs dans les trains si nous sommes armés et en nous signalant aux contrôleurs[235]. C'est une bonne initiative même si nous, la Poli nationale, on doit se signaler alors que les gendarmes peuvent voyager gratuitement sans cette obligation.

À terme, je n'exclus pas de rejoindre une police municipale, en particulier parce que dans la Police nationale, c'est très compliqué d'obtenir une mutation en province, notamment dans certaines villes très demandées. Donc, si je n'arrive pas à avoir ma mutation vers la ville que je souhaite, je peux être amenée à rejoindre la police municipale locale, *via* les dispositifs de passerelle. On parle entre nous de la police municipale, jamais des entreprises de sécurité privées. Par ailleurs, au quotidien, il m'arrive de travailler avec la police municipale : nous faisons des contrôles conjoints, notamment des contrôles de vitesse.

Finalement, depuis mon entrée dans la Police nationale en 2019, ce qui m'a le plus marqué, c'est une de mes premières interventions. Pendant mon stage de fin de formation, j'étais de service de nuit et nous avons été appelés pour une personne défenestrée. En arrivant sur place, nous avons constaté qu'une femme s'était effectivement jetée par la fenêtre, mais avec son nourrisson dans les bras. Les sapeurs-pompiers essayaient de ranimer la mère et l'enfant (qui n'ont pas survécu) et j'ai eu quant à moi pour mission, avec une collègue, d'aller trouver d'où la femme avait sauté, en frappant à chaque porte. Arrivées chez elle, son conjoint était persuadé que sa femme et son bébé dormaient encore, il nous a dit que ce n'était pas ici donc on a continué jusqu'à entendre son cri lorsqu'il a vu que c'était sa femme. Elle souffrait d'une forte dépression *post-partum*. Ce qui m'a le plus frappée, c'est le nourrisson, le décès de ce bébé.

---

[235] Cette disposition a été mise en place suite à l'attentat ayant frappé deux policiers, Jean-Baptiste Salvaing et Jessica Schneider, assassinés à leur domicile de Magnanville en 2016, en présence de leur enfant. Elle vise à protéger les agents et, le cas échéant, à améliorer la sécurité dans les transports. Plusieurs interventions ont eu lieu dans ce cadre, comme ici : Aurélien Thirard, « Coup de feu dans un TGV : qu'est-ce que le dispositif "voyager-protéger" qui a permis à un policier d'intervenir ? », *France Info*, 14 juillet 2023.

Conclusion
Avec la concurrence, rien n'est sûr…

Les développements proposés dans ce nouveau volume de la collection « Drôles de marchés » entrent en résonance avec les inquiétudes, réelles ou supposées, de la société, et la vision de ceux et de celles qui sont censés la gouverner. Mais pourquoi cet engouement pour la sécurité qui, nous l'avons vu, fait l'objet d'un véritable marché, avec ses enjeux commerciaux, concurrentiels et managériaux ? Y aurait-il aujourd'hui plus d'anarchie, de chaos, de déviance, de violence – en un mot, plus de désordre qu'autrefois[236] ? L'analyse historique sur longue période atteste que c'est l'inverse, avec une baisse continue des morts violentes, pendant ou hors des conflits armés[237]. Ne vise-t-on pas plutôt à maîtriser la société ou, tout simplement, à tenter de la contenir, notamment dans ses marges toujours trop turbulentes ?

Il y a quelques années, le philosophe Gilles Deleuze soutenait, à partir de son exégèse des travaux de Michel Foucault, que la maîtrise des populations était plus facile par le passé puisque les sociétés étaient – notamment aux XVIIIe et XIXe siècles – supposées disciplinaires, les individus vivant essentiellement dans des milieux clos (caserne, école, église, famille, hôpital, manufactures puis usines)[238] et, de ce fait, se trouvant soumis à une surveillance stricte, émanant aussi bien de contraintes physiques (voire de l'usage de la force) que de normes institutionnelles et sociales[239]. Quand, malgré tout, l'insécurité

[236] Ne serait-ce pas plutôt une isotopie du désordre ? Voir Aurore Labadie, « Imaginaires du désordre : la littérature à l'assaut des récits dominants », *Cités*, n° 83, 2020, p. 83-97.

[237] Steven Pinker, *La Part d'ange en nous. Histoire de la violence et de son déclin*, Les Arènes, 2017. Voir aussi : Nicolas Bourgoin, *La révolution sécuritaire*, Champ social, 2013.

[238] Gilles Deleuze, « Post-scriptum sur les sociétés de contrôle », *L'Autre journal*, n° 1, mai 1990, repris dans *Pourparlers*, Éd. de Minuit, 1990 ; « Les sociétés de contrôle », *EcoRev'*, n° 46, 2018, p. 5-12.

[239] Le vagabondage, par exemple, était interdit en France et puni de trois à six mois de prison (Code pénal de 1810, articles 269 à 273, abrogés en… 1992 !).

survenait, elle était fortement réprimée, soit par l'État, détenteur du monopole de la violence physique légitime – selon la formule consacrée, héritée de Max Weber[240] –, soit par la foule (sur le mode du lynchage[241]) ou par la communauté (*via* ce qui est appelé aujourd'hui le vigilantisme[242]). L'offre de sécurité semblait ainsi bien facile à mettre en exergue face à une demande relativement étroite.

Ces sociétés disciplinaires auraient été remplacées par des sociétés dites « de contrôle » selon William Burroughs[243], et par des « formes ultra-rapides de contrôle à l'air libre » d'après Paul Virilio[244]. Dans ce type de société, les mécanismes de contrôle à l'œuvre visent à permettre le repérage, à tout instant, de la position de l'individu – voire de tout élément vivant – en milieu ouvert, les services de sécurité étant un des éléments les visibles de ces mécanismes. Si l'on suit Deleuze, la différence essentielle entre la société disciplinaire et la société de contrôle réside dans la place de la norme : dans un cas, elle est l'élément *ex post* ; dans l'autre, *ex ante*[245].

Ces mécanismes de contrôle ont été nourris au fil des années de multiples apports d'œuvres de fiction, qui en pointent autant la prodigieuse puissance que les dérives potentielles.

Ainsi, dans son film de science-fiction *Minority Report* sorti en 2002 et adapté de la nouvelle éponyme de Philippe K. Dick

---

[240] Max Weber, *Le Savant et le Politique*, trad. fr. de Julien Freund, Union générale d'éditions, 1963 (traduction de deux conférences du sociologue allemand de 1917 et 1919).

[241] Mot forgé à partir du patronyme du juge Charles Lynch (1736-1796) qui, pendant la guerre d'indépendance des États-Unis (1775-1782), faisait punir ses adversaires loyalistes par cette modalité de justice expéditive.

[242] Laurent Fourchard, « État de littérature. Le vigilantisme contemporain. Violence et légitimité d'une activité policière bon marché », *Critique internationale,* n° 78, 2018, p. 169-186.

[243] Voir notamment *Le Festin nu*, Olympia Press, 1959 et *Révolution électronique*, Allia, 2017.

[244] *Vitesse et politique. Essai de dromologie*, Galilée, 1977.

[245] Deleuze analyse de façon allusive le couple désormais célèbre – mots d'ordre/mots de passe – qui permet de surveiller ou de contrôler selon les cas. Voir : Joan Le Goff, « Soumettre le sujet à la norme : les mots d'ordre du management », *in* Cyril Sintez, Émeric Nicolas et Jacqueline Guittard (dir.), *Deleuze face à la norme*, Mare et Martin, 2023, p. 261-278.

(publiée en 1956), Steven Spielberg a imaginé une unité de police en mesure d'éviter la survenance des crimes non prémédités, grâce aux capacités psychiques de trois mutants (des « précognitifs ») qui indiquent de manière précise la date et le lieu du délit ainsi que le nom des criminels et des victimes. De même, Andrew Niccol décrit dans son film *Gattaca* (1997) une société organisée autour de la sélection et de l'amélioration génétique des individus et dans laquelle les individus non modifiés sont estimés inférieurs et exclus. Leur détection est facilitée par la génétique... De son côté, dans son roman *Le Cercle*[246] (2013) Dave Eggers a pensé à un univers dystopique, dans lequel une gigantesque entreprise, regroupant Facebook, Google et Twitter (aujourd'hui X), qui, au moyen d'une technologie innovante, amène les utilisateurs à n'avoir qu'un seul compte, un seul mot de passe et unique moyen de paiement et surtout – et c'est là le plus important – à se connecter avec sa véritable identité. Dès lors, tout est enregistré, vu et su par tous. La transparente est omniprésente et totale. Exit l'anonymat et l'intimité. Seuls ceux qui ont des choses à cacher refuseront cette exhibition permanente. De surcroît, qui osera enfreindre la loi et/ou la règle s'il se sait observé ? La transparence devient la meilleure des polices sociales et de sécurité. La Française Lilia Hassaine emprunte également cette voie dans son roman de contre-utopie *Panorama*[247] pour mettre en exergue une « civilisation du signalement » et de l'absence d'intimité, focalisée sur les victimes et censée éradiquer les crimes, qu'on imagine se dérouler forcément derrière les murs et dans des espaces clos. Enfin, dans un polar stimulant lauréat du prix du Quai des orfèvres[248], Sylvain Forge montre que l'interconnexion du monde contemporain est une forme de transparence pour les hackers : les cyberattaques (réalistes) de son roman alertent le lecteur sur le risque des nouvelles technologies puisque tout

---

[246] Traduit chez Gallimard en 2016 et adapté au cinéma par James Ponsolds en 2017. Avec son livre, Dave Eggers marche dans les pas de la série *Black Mirror*, créée en 2011 par le Britannique Charlie Brooker et diffusée sur Channel 4 et, depuis 2016, par Netflix. Cette série montre à souhait la manière dont la technologie change les comportements des individus.

[247] Gallimard, 2023. Ce livre a obtenu le prix Renaudot des lycéens.

[248] *Tension extrême*, Fayard, 2017.

objet, même le plus anodin, devient une arme en puissance pour qui maîtrise les arcanes des réseaux invisibles qui nous relient tous, *via* nos ordinateurs et téléphones, mais aussi nos appareils électroménagers, montres ou voitures…

Les exemples sont nombreux tant le sujet préoccupe nos contemporains, artistes ou citoyens, dirigeants d'entreprises ou politiciens.

La quête du modèle idéal de sécurité ne semble ainsi jamais s'arrêter, ne serait-ce que dans les sociétés de démocratie avancée[249] et les interrogations sont toujours prégnantes : plus de police, moins de police, plus de privé, moins de privé, plus de coercition, moins de coercition ? Qui dit privé, dit également une sécurité devenue un bien marchand, un produit ordinaire. En France, la question de la sécurité a pendant longtemps été considérée comme relevant du collectif, une prérogative régalienne, rattachée nécessairement à l'État, qui représente un marqueur identitaire, depuis Valmy semble-t-il[250]. Dans une logique inspirée de Rousseau, la sécurité ne peut être marchandisée et, si elle le devenait, cela s'apparenterait à du mercenariat[251]. La conception française s'opposerait ainsi à celle des Britanniques, qui, en bon héritiers de la philosophie contractualiste de John Locke, considèrent que la garantie de la sécurité passe par la renonciation aux droits individuels. Et si l'État échoue en matière de sécurité, le pacte originel est rompu et il devient envisageable pour les citoyens de recourir à d'autres entités pour assurer leur protection. Ce qui expliquerait le regard ô combien favorable porté par les Britanniques à la sollicitation du secteur privé *via* plusieurs formes : externalisation totale de certaines missions de police, partenariat public-privé, etc. Ce qui a pour conséquence la prospérité de ce secteur au Royaume-Uni,

---

249 Cette quête est sans objet dans les régimes autoritaires, où elle serait même incongrue.

250 Guillaume Farde, « Les marchés de la sécurité privée britannique et français : destins croisés ou entremêlés ? », *Sécurité et Stratégie*, n° 25, 2017, p. 20-27.

251 Soit l'esprit de la loi n° 2003-340 du 14 avril 2003 relative à la répression de l'activité de mercenaire.

sa puissance d'exportation et le leadership joué par des entreprises comme G4S en Europe et dans le monde.

Cependant force est de constater que la situation a sensiblement évolué en France depuis que le pays a dû faire face à de multiples crises, soit à partir du début des années 1990 : attentats, crises économiques et sociales, manifestations de plus en plus violentes, montée des extrémismes (de part et d'autre de l'échiquier politique), regain de l'activité sectaire, terrorisme et zones à défendre. Cette hausse des risques a poussé à chercher à rassurer les citoyens en matière de sécurité – lesquels sont, en France, paradoxalement à la fois jaloux de leur liberté *et* demandeurs d'une sécurité maximale – en renforçant de plus en plus les dispositifs juridiques, en accordant plus de moyens aux forces publiques de l'ordre, que ces forces soient nationales ou municipales, et en intégrant de plus les acteurs privés.

L'univers dystopique frapperait-il à notre porte ? Serait-il finalement une réalité et la transparence une panacée sécuritaire ? La messe est-elle dite ? Sans aller jusque-là, la technologie, par le truchement du profilage sur une grande échelle et de la surveillance de masse est déjà très présente[252]. Quand elle est utilisée – par les forces de l'ordre, que celles-ci soient publiques ou privées – pour traquer les criminels, les terroristes et tout individu ou pays hostile ou malveillant, elle est socialement désirée et acceptable. Mais quand elle est mise en œuvre pour d'autres objectifs ou intérêts, même dans les pays démocratiques, elle devient préoccupante et questionnable sur le plan éthique. Les exemples sont légion : collecte et manipulation des données génétiques, éloignement préventif d'individus considérés comme dangereux, fausses informations et manipulation des opinions publiques, intrusion dans la vie privée, etc. Les citoyens sont de plus en plus dénudés, à leur corps défendant, et à la merci de toute sorte d'institutions, amenant l'historien Yuval Harari à ce pronostic : « Si entreprises et gouvernements commencent à

[252] Voir Shoshana Zuboff, *L'Âge du capitalisme de surveillance*, Éditions Zulma, et Bernard Benhamou, « Les conséquences démocratiques des mutations de la surveillance numérique », *Les Cahiers Français*, mai-juin, n° 439, 2024, p. 62-69.

collecter nos données biométriques en masse, ils peuvent apprendre à nous connaître mieux que nous ne nous connaissons nous-mêmes, et non seulement prédire nos sentiments mais aussi les manipuler et nous vendre tout ce qu'ils veulent, qu'il s'agisse d'un produit ou d'un politicien »[253].

Dès lors, s'il est vrai que la sécurité collective ne passe plus par le lynchage par la foule (bien que le vigilantisme le remette peu ou prou au goût du jour, comme vu dans le chapitre concerné), celui-ci faisant partie des pages sombres de l'histoire, la multilatéralisation des polices, l'abandon par l'État d'une partie de son pouvoir régalien et du monopole de la violence symbolique, l'usage amplifié, inconsidéré et amoral de la technologie, la réorientation de la coercition, l'introduction substantielle de la prévention, la primauté de la protection au détriment de la liberté, semblent être les contours les plus évidents de ce marché de la sécurité, dont nous avons voulu ici évaluer certains risques. Des risques économiques pour une part (guerre des prix, baisse de qualité des prestations, acquisition et concentration du secteur, dépendance, etc.) mais aussi en termes éthiques (dérives sécuritaires, extension de l'usage de la force voire des armes, etc.) et politiques, voire géopolitiques (infiltration par des éléments étrangers ou terroristes, lien avec le grand banditisme, sécession ou opposition des forces entre elles).

Décidément, la sécurité est bien un drôle de marché !

---

[253] Yuval Noah Harari, « The world after coronavirus », *Financial Times*, mars 2020, cité par Bernard Benhamou, *op. cit.*

Structures éditoriales du groupe L'Harmattan

L'Harmattan Italie
Via degli Artisti, 15
10124 Torino
harmattan.italia@gmail.com

L'Harmattan Hongrie
Kossuth l. u. 14-16.
1053 Budapest
harmattan@harmattan.hu

L'Harmattan Sénégal
10 VDN en face Mermoz
BP 45034 Dakar-Fann
senharmattan@gmail.com

L'Harmattan Cameroun
TSINGA/FECAFOOT
BP 11486 Yaoundé
inkoukam@gmail.com

L'Harmattan Burkina Faso
Achille Somé – tengnule@hotmail.fr

L'Harmattan Guinée
Almamya, rue KA 028 OKB Agency
BP 3470 Conakry
harmattanguinee@yahoo.fr

L'Harmattan RDC
185, avenue Nyangwe
Commune de Lingwala – Kinshasa
matangilamusadila@yahoo.fr

L'Harmattan Congo
219, avenue Nelson Mandela
BP 2874 Brazzaville
harmattan.congo@yahoo.fr

L'Harmattan Mali
ACI 2000 - Immeuble Mgr Jean Marie Cisse
Bureau 10
BP 145 Bamako-Mali
mali@harmattan.fr

L'Harmattan Togo
Djidjole – Lomé
Maison Amela
face EPP BATOME
ddamela@aol.com

L'Harmattan Côte d'Ivoire
Résidence Karl – Cité des Arts
Abidjan-Cocody
03 BP 1588 Abidjan
espace_harmattan.ci@hotmail.fr

Nos librairies en France

Librairie internationale
16, rue des Écoles
75005 Paris
librairie.internationale@harmattan.fr
01 40 46 79 11
www.librairieharmattan.com

Librairie des savoirs
21, rue des Écoles
75005 Paris
librairie.sh@harmattan.fr
01 46 34 13 71
www.librairieharmattansh.com

Librairie Le Lucernaire
53, rue Notre-Dame-des-Champs
75006 Paris
librairie@lucernaire.fr
01 42 22 67 13

www.ingramcontent.com/pod-product-compliance
Lightning Source LLC
LaVergne TN
LVHW010023081026
849535LV00016B/3111
* 9 7 8 2 3 3 6 4 9 7 8 0 8 *